Impressum
Verlag: BABADADA GmbH, Nedderfeld 112 , 22529 Hamburg
Geschäftsführer / Verlagsleitung: Harald Hof
Druck: Books on Demand GmbH, In de Tarpen 42, 22848 Norderstedt

Imprint
Publisher: BABADADA GmbH, Nedderfeld 112 , 22529 Hamburg, Germany
Managing Director / Publishing direction: Harald Hof
Print: Books on Demand GmbH, In de Tarpen 42, 22848 Norderstedt

chikoro
σχολείο

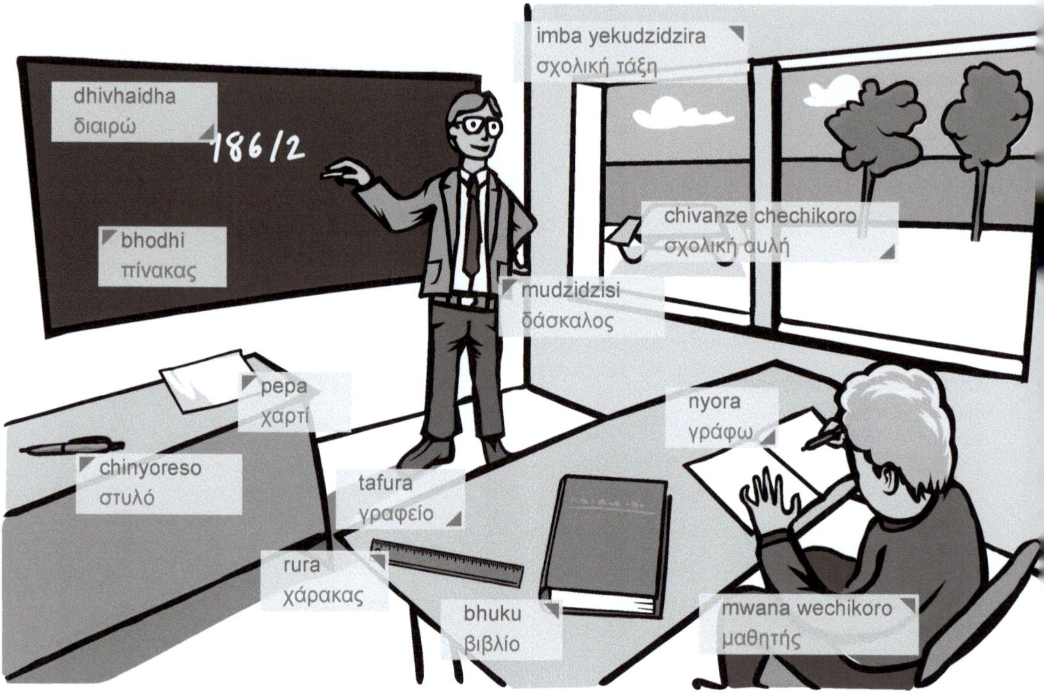
imba yekudzidzira
σχολική τάξη
dhivhaidha
διαιρώ
186/2
bhodhi
πίνακας
chivanze chechikoro
σχολική αυλή
mudzidzisi
δάσκαλος
pepa
χαρτί
nyora
γράφω
chinyoreso
στυλό
tafura
γραφείο
rura
χάρακας
bhuku
βιβλίο
mwana wechikoro
μαθητής

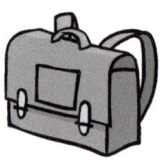

bhegi

σχολική τσάντα

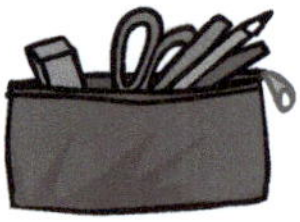

chekuchengetera mapenzura

κασετίνα/ μολυβοθήκη

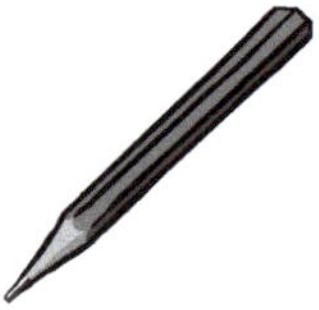

penzura

μολύβι

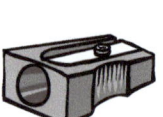

chekurodzesa mapenzura

ξύστρα

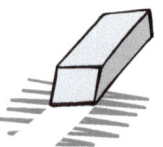

rabha

γόμα

bhuku rekudhirowera mifananidzo

μπλοκ ζωγραφικής

mufananidzo
wakadhirowewa
ζωγραφική

bhurasho rekupendesa
πινέλο

bhokisi rependi
κουτί χρωμάτων

chigero
ψαλίδι

guruu
κόλλα

bhuku rekunyorera
τετράδιο ασκήσεων

basa rinoitirwa kumba
εργασία για το σπίτι

12

nhamba
αριθμός

2+2

sanganisa
προσθέτω

5-2

bvisa
αφαιρώ

2×2

wanziridza
πολλαπλασιάζω

kakureta
υπολογίζω

A

bhii
γράμμα

**ABCDEFG
HIJKLMN
OPQRSTU
VWXYZ**

arufabheti
αλφάβητο

hello

shoko
λέξη

mashoko

κείμενο

kuverenga

διαβάζω

choko

κιμωλία

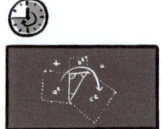

chidzidzo

μάθημα

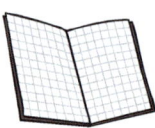

bhuku remazita

εγγράφομαι

bvunzo

τεστ

setifiketi

πιστοποιητικό

yunifomu yekuchikoro

μαθητική στολή

dzidzo

εκπαίδευση

encyclopedia

εγκυκλοπαίδεια

yunivhesiti

πανεπιστήμιο

maikorosikopu

μικροσκόπιο

mepu

χάρτης

bhini remapepa

καλάθι αχρήστων

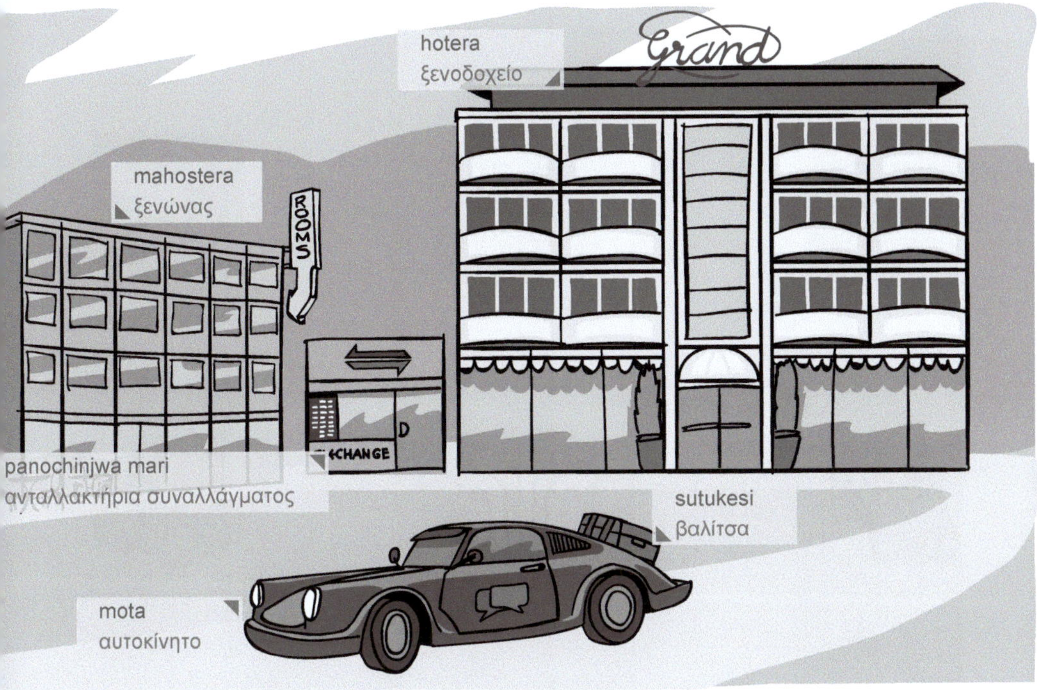

hotera
ξενοδοχείο
Grand
mahostera
ξενώνας
ROOMS
panochinjwa mari
ανταλλακτήρια συναλλάγματος
sutukesi
βαλίτσα
mota
αυτοκίνητο

mutauro

γλώσσα

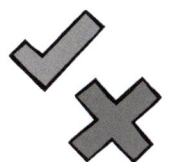

hongu / kwete

ναι / όχι

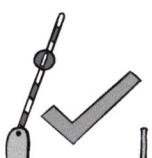

Zvakanaka

εντάξει

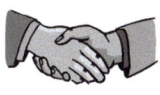

hesi

γεια σου

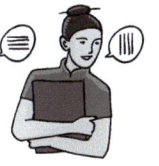

mushanduri

μεταφραστής

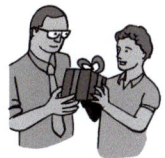

Mazvita

Ευχαριστώ

Imarii... ?

πόσο κάνει ;

Handisi kunzwisisa

Δε καταλαβαίνω

dambudziko

πρόβλημα

Manheru!

Καλησπέρα!

Mangwanani!

Καλημέρα!

Murare zvakanaka

Καληνύχτα!

toonana

Αντίο

mafambiro

κατεύθυνση

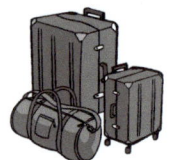

katundu

αποσκευές

bhegi

τσάντα

bhegi rekumusana

σακίδιο πλάτης

muenzi

καλεσμένος

imba

δωμάτιο

bhegi rekurarira

υπνόσακος

tendi

σκηνή

mashoko evafambi

ουριστικές πληροφορίες

mahombekombe

παραλία

kadhi rekubhengi

πιστωτική κάρτα

kudya kwemangwanani

πρωινό

kudya kwemasikati

μεσημεριανό

kudya kwemanheru

δείπνο

tiketi

εισιτήριο

chikwidzo

ανελκυστήρας

chitambi

γραμματόσημο

muganhu

σύνορα

vanoona nezvekupinda
munyika

τελωνείο

vamiriri venyika

πρεσβεία

vhiza

βίζα

pasipoti

διαβατήριο

zvifambiso

μεταφορά

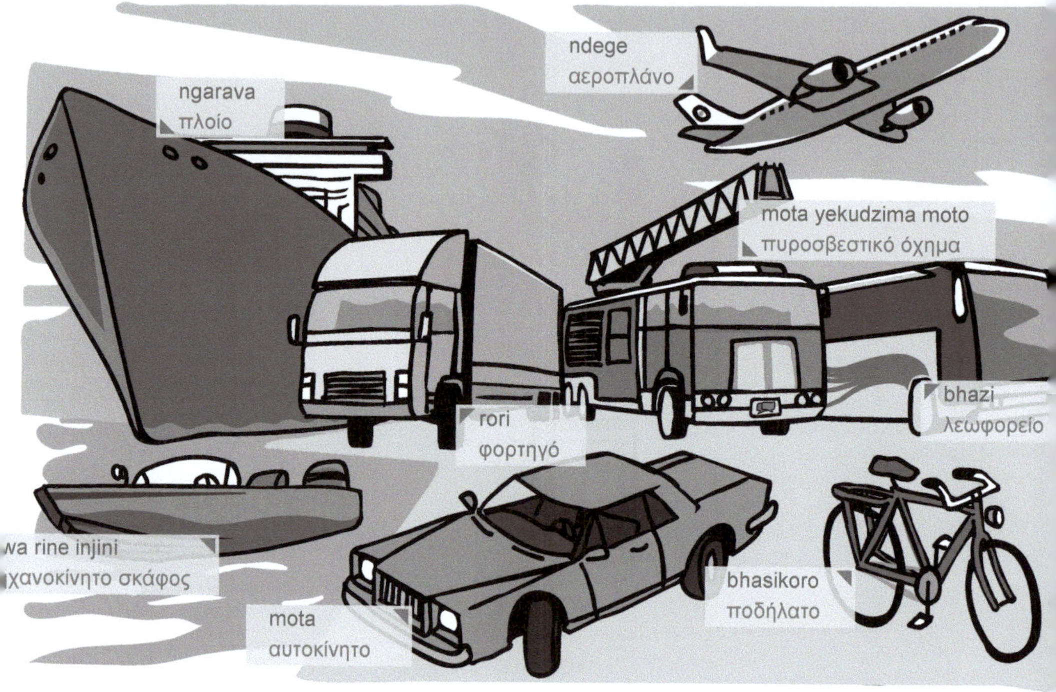

ndege
αεροπλάνο
ngarava
πλοίο
mota yekudzima moto
πυροσβεστικό όχημα
bhazi
λεωφορείο
rori
φορτηγό
wa rine injini
χανοκίνητο σκάφος
bhasikoro
ποδήλατο
mota
αυτοκίνητο

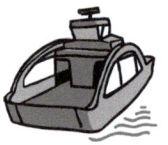

igwa

φεριμπότ

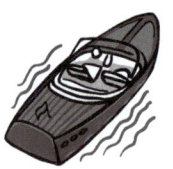

igwa

βάρκα

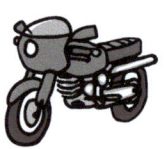

mudhudhudhu

μοτοσικλέτα

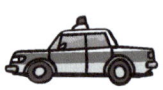

mota yemapurisa

περιπολικό

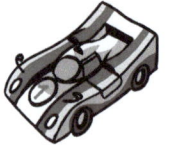

mota yemujaho

αγωνιστικό αυτοκίνητο

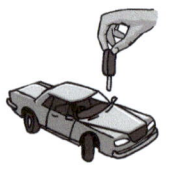

mota yekuhaya

ενοικιαζόμενο αυτοκίνητο

kuhaya mota
αμοιρασμός αυτοκινήτων

mota inodhonza dzinenge dzafa
γερανός

mota yemabhini
απορριμματοφόρο

injini
κινητήρας

mafuta
καύσιμο

garaji remafuta
βενζινάδικο

chikwangwani chemumugwagwa
πινακίδα σήμανσης

mota
κυκλοφορία

mota dzakawandisa
κυκλοφοριακή συμφόρηση

panopakwa mota
χώρος στάθμευσης

chiteshi chezvitima
σιδηροδρομικός σταθμός

njanji
σιδηροδρομικές γραμμές

chitima
τρένο

tram
τραμ

chitima
βαγόνι

chikopokopo

ελικόπτερο

nhandare yendege

αεροδρόμιο

nharire

πύργος

mufambi

επιβάτης

chikondena

εμπορευματοκιβώτιο

kadhibhodhi bhokisi

χαρτοκιβώτιο

ngoro

καρότσι

bhasiketi

καλάθι

simuka / mhara

απογειώνομαι /
προσγειόνομαι

guta
πόλη

musha

χωριό

pakati peguta

κέντρο της πόλης

imba

σπίτι

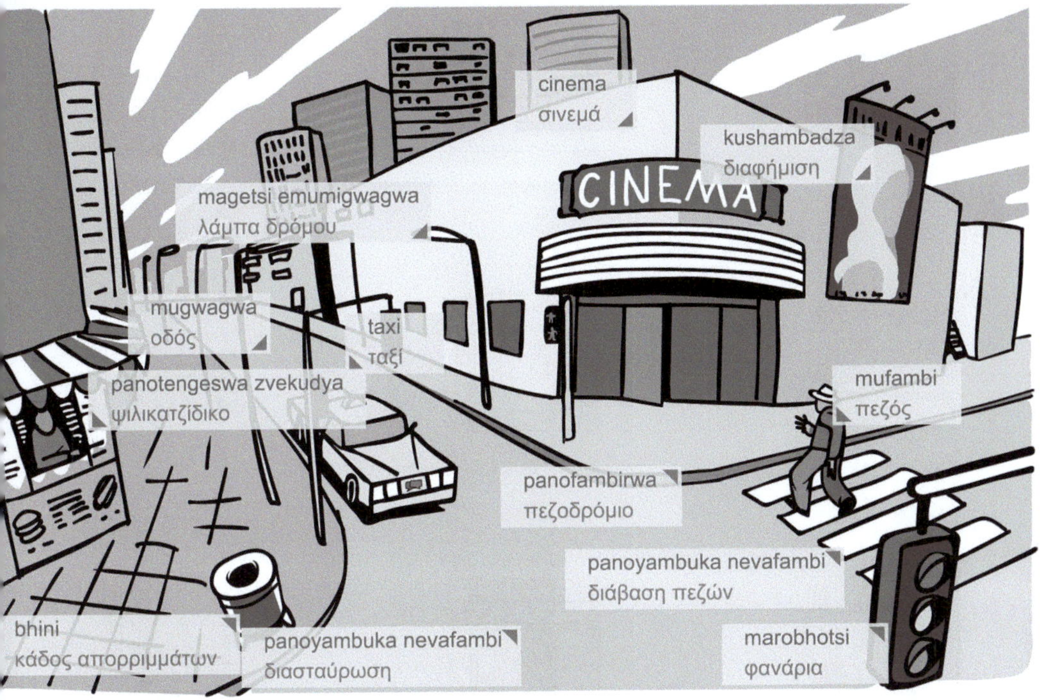

cinema
σινεμά

kushambadza
διαφήμιση

magetsi emumigwagwa
λάμπα δρόμου

CINEMA

mugwagwa
οδός

taxi
ταξί

mufambi
πεζός

panotengeswa zvekudya
ψιλικατζίδικο

panofambirwa
πεζοδρόμιο

panoyambuka nevafambi
διάβαση πεζών

bhini
κάδος απορριμμάτων

panoyambuka nevafambi
διασταύρωση

marobhotsi
φανάρια

imba
....
καλύβα

mafurati
....
διαμέρισμα

chiteshi chezvitima
....
σιδηροδρομικός σταθμός

imba yeguta
....
δημαρχείο

muziyamu
....
μουσείο

chikoro
....
σχολείο

yunivhesiti

πανεπιστήμιο

bhengi

τράπεζα

chipatara

νοσοκομείο

hotera

ξενοδοχείο

panotengeswa mishonga

φαρμακείο

hofisi

γραφείο

chitoro chemabhuku

βιβλιοπωλείο

chitoro

κατάστημα

panotengeswa maruva

ανθοπωλείο

supamaketi

σούπερ μάρκετ

musika

αγορά

chitoro chine
madhipatimendi

πολυκατάστημα

panotengeswa hove

ιχθυοπωλείο

nzimbo ine zvitoro

εμπορικό κέντρο

chiteshi chengarava

λιμάνι

paki

πάρκο

bhenji

παγκάκι

bhiriji

γέφυρα

masitepisi

σκάλες

nzira inoenda nepasi

μετρό

mugwagwa wepasi

τούνελ

panokwirirwa mabhazi

στάση λεωφορείου

bhawa

μπαρ

resitorendi

εστιατόριο

bhokisi retsamba

γραμματοκιβώτιο

chikwangwani
chemugwagwa
πινακίδα δρόμου

mita yekupaka

παρκόμετρο

nunochengeterwa mhuka

ζωολογικός κήπος

kunotuhwinirwa

πισίνα

mosque

τζαμί

purazi
αγρόκτημα

kusvibisa
ρύπανση

kumakuva
νεκροταφείο

chechi
εκκλησία

pekutambira
παιδική χαρά

temberi
ναός

mamiriro akaita nzvimbo
τοπίο

shizha
φύλλο

chikwangwani
πινακίδα κατεύθυνσης

nzira
δρόμος

mafuro
λιβάδι

dombo
πέτρα

muti
δέντρο

mufambi
πεζοπόρος

rwizi
ποτάμι

uswa
χορτάρι

ruva
λουλούδι

mupata

κοιλάδα

gomo

λόφος

dhamu

λίμνη

sango

δάσος

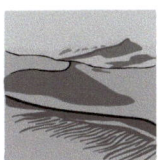

gwenga

έρημος

chikwatamabwe

ηφαίστειο

zimba

κάστρο

muraraungu

ουράνιο τόξο

hohwa

μανιτάρι

muchindwe

φοίνικας

umhutu

κουνούπι

nhunzi

μύγα

svosve

μυρμήγκι

nyuchi

μέλισσα

buve

αράχνη

chipembenene

σκαθάρι

datya

βάτραχος

tsindi

σκίουρος

nungu

σκαντζόχοιρος

tsuro

λαγός

zizi

κουκουβάγια

shiri

πουλί

swan

κύκνος

nguruve yemusango

αγριογούρουνο

nondo

ελάφι

moose

άλκη

dhamu

φράγμα

injini yemhepo

ανεμογεννήτρια

panero rezuva

ηλιακός συλλέκτης

mamiriro ekunze

κλίμα

resitorendi
εστιατόριο

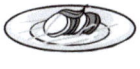

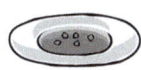

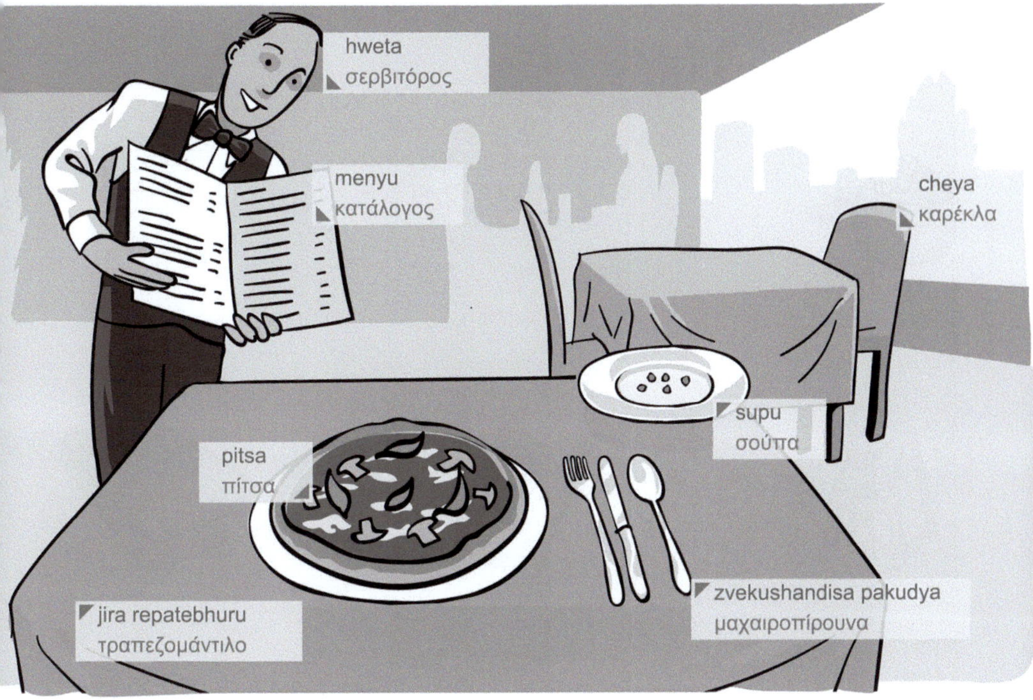
hweta
σερβιτόρος
menyu
κατάλογος
cheya
καρέκλα
supu
σούπα
pitsa
πίτσα
zvekushandisa pakudya
μαχαιροπίρουνα
jira repatebhuru
τραπεζομάντιλο

zvekusosa nzara
ορεκτικό

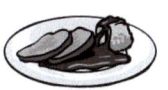

zvekudya
κύριο πιάτο

zvekuseredzera
επιδόρπιο

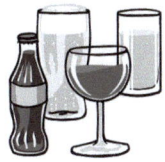

zvekunwa
ποτά

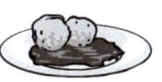

zvekudya
φαγητό

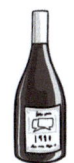

bhodhoro
μπουκάλι

zvekudya zvisingatori nguva
kubika
....
φαστ φουντ

chikafu chinotengeswa
munzira
....
φαγητό στ' όρθιο

tipoti
....
τσαγιέρα

gabha reshuga
....
δοχείο ζάχαρης

chidimbu
....
μερίδα

muchina wekofi
....
μηχανή εσπρέσο

cheya yemwana
....
ψηλή καρέκλα

bhiri
....
λογαριασμός

tureyi
....
δίσκος

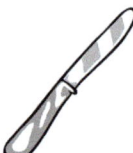

banga
....
μαχαίρι

forogo
....
πιρούνι

chipunu
....
κουτάλι

chipunu
....
κουταλάκι του τσαγιού

zvekupukutisa muromo
....
πετσέτα φαγητού

girazi
....
ποτήρι

18   resitorendi - εστιατόριο

ndiro

πιάτο

ndiro yesupu

πιάτο σούπας

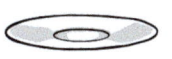

ndiro

πιατάκι φλιτζανιού

supu

σάλτσα

chekuisira sauti

αλατιέρα

chekugaya mhiripiri

μύλος για πιπέρι

vhiniga

ξύδι

mafuta

λάδι

masipaisi

μπαχαρικά

ketchup

κέτσαπ

mustard

μουστάρδα

mayonaizi

μαγιονέζα

supamaketi

σούπερ μάρκετ

zvaderedzwa mitengo
προσφορά
FOR
mutengi
πελάτης
zvinogadzirwa nemukaka
γαλακτοκομικά προϊόντα
michero
φρούτα
chingoro
καρότσι για ψώνια

BUTCHERS

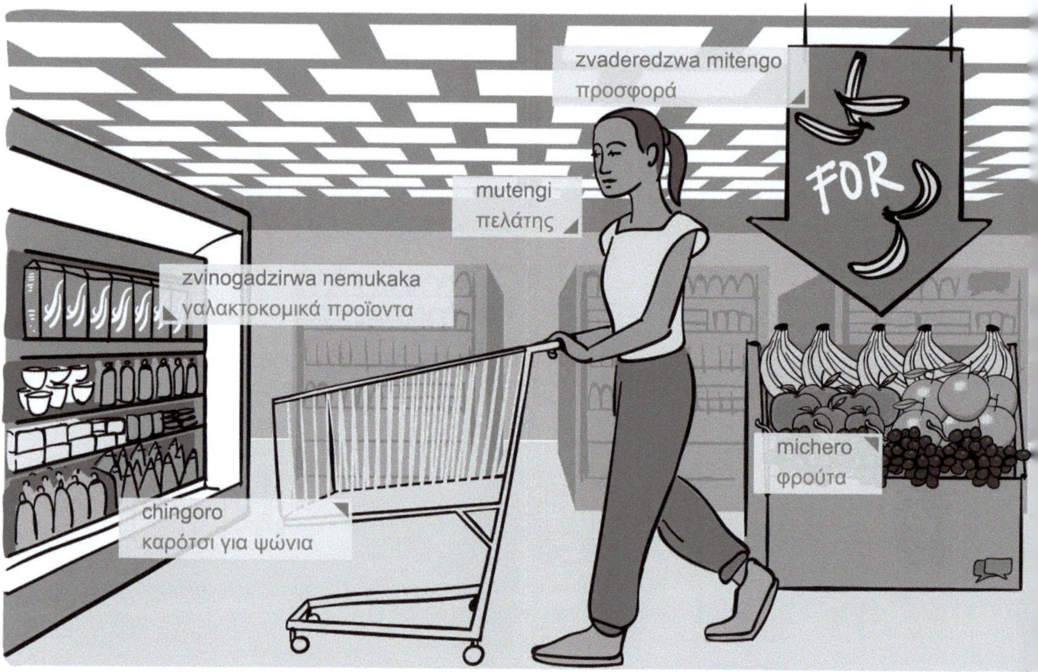

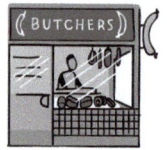

panotengeswa nyama

κρεοπωλείο

BAKERY

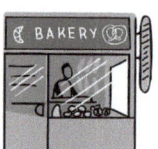

panotengeswa chingwa

φούρνος

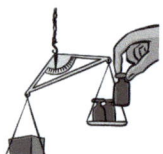

kuyera

ζυγίζω

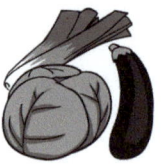

miriwo

λαχανικά

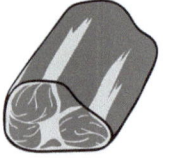

nyama

κρέας

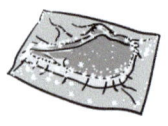

zvekudya zvakaoma nechando

κατεψυγμένα τρόφιμα

nyama yakatonhora

αλλαντικά

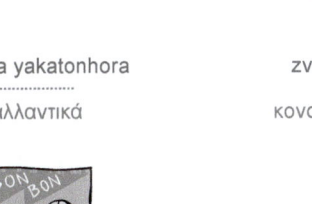

zvekudya zvemugaba

κονσερβοποιημένη τροφή

sipo yeupfu yekuwachisa

απορρυπαντικό ρούχων

masuwiti

γλυκά

zvekushandisa mumba

οικιακά είδη

zvekuchenesa nazvo

καθαριστικά προϊόντα

mutengesi

πωλήτρια

tiru

ταμείο

mutengesi

ταμίας

zviri kuda kutengwa

λίστα για ψώνια

nguva dzekuvhura

ωράριο λειτουργίας

chikwama

πορτοφόλι

kadhi rekubhengi

πιστωτική κάρτα

bhegi

τσάντα

pepa rekuisira

πλαστική σακούλα

mvura

νερό

muto wemichero

χυμός

mukaka

γάλα

coke

κόκα κόλα

waini

κρασί

doro

μπίρα

doro

αλκοόλ

cocoa

κακάο

tii

τσάι

kofi

καφές

kofi

εσπρέσο

cappuccino

καπουτσίνο

bhanana

μπανάνα

apuro

μήλο

orenji

πορτοκάλι

nwiwa

πεπόνι

ndimu

λεμόνι

karotsi

καρότο

gariki

σκόρδο

mushenjere

μπαμπού

hanyanisi

κρεμμύδι

hohwa

μανιτάρι

nzungu

ξηροί καρποί

manoodle

νουντλς

spaghetti

μακαρόνια

mupunga

ρύζι

saradhi

σαλάτα

machipisi

πατατάκια

mbatatisi dzakafuraiwa

τηγανητές πατάτες

pitsa

πίτσα

chingwa chakaruma nyama

χάμπουργκερ

sangweji

σάντουιτς

nhindi

κοτολέτα

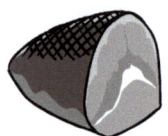

ham

ζαμπόν

salami

σαλάμι

soseji

λουκάνικο

huku

κοτόπουλο

gochwa

ψητό

hove

ψάρι

bota reoats

χυλός βρώμης

muesli

μούσλι

macornflake

κορν φλέικς

furawa

αλεύρι

croissant

κρουασάν

chingwa

ψωμάκι

chingwa

ψωμί

chingwa chakagochwa

τοστ

mabhisikiti

μπισκότα

bhata

βούτυρο

ige

τυρόπηγμα

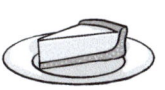

keke

κέικ

zai

αυγό

zai rakafuraiwa

τηγανητό αυγό

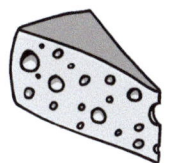

chizi

τυρί

aizikirimu
παγωτό

shuga
ζάχαρη

huchi
μέλι

jemu
μαρμελάδα

chocolate yekuzora
άλλειμμα σοκολάτας

curry
κάρυ

imba yepapurazi
αγρόσπιτο

chisote cheuswa
δεμάτι άχυρου

dura
αχυρώνας

munda
χωράφι

bhiza
αλόγο

turera
ρυμουλκούμενο

mubheme
πουλάρι

tirakita
τρακτέρ

dhongi
γάιδαρος

hwai
πρόβατο

hwayana
αρνί

mbudzi	mhou	mhuru
κατσίκα	αγελάδα	μοσχαράκι
nguruve	chigwi	bhuru
γουρούνι	γουρουνάκι	ταύρος

dhadha

χήνα

dhakisi

πάπια

nhiyo

κοτοπουλάκι

tseketsa

κότα

jongwe

κόκορας

gonzo

αρουραίος

katsi

γάτα

mbeva

ποντίκι

dhonza

βόδι

imbwa

σκύλος

imba yembwa

σπιτάκι σκύλου

pombi yemvura

λάστιχο κήπου

keni yekudiridzisa

ποτιστήρι

jeko

θεριστήρι

gejo

αλέτρι

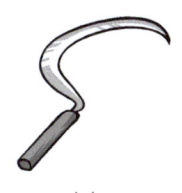

jeko

δρεπάνι

badza

τσάπα

forogo

δίκρανο

demo

τσεκούρι

bhara

χειράμαξα

chidyiro

ταΐστρα

bhodhoro remukaka

δοχείο γάλακτος

saga

σάκος

fenzi

φράχτης

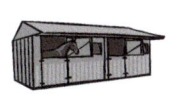

danga

στάβλος

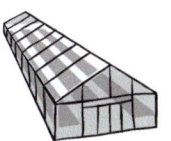

greenhouse

θερμοκήπιο

ivhu

έδαφος

mbeu

σπόρος

fetereza

λίπασμα

mota yekukohwesa

θεριζοαλωνιστική μηχανή

kukohwa

θερίζω

gohwo

συγκομιδή

mbatatisi

γιαμς

gorosi

σιτάρι

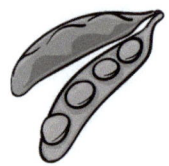

soya

σόγια

mbatatisi

πατάτα

chibage

καλαμπόκι

rapeseed

κράμβη

muti wemichero

οπωροφόρο δέντρο

mufarinya

μανιόκα

mbesa

δημητριακά

imba
σπίτι

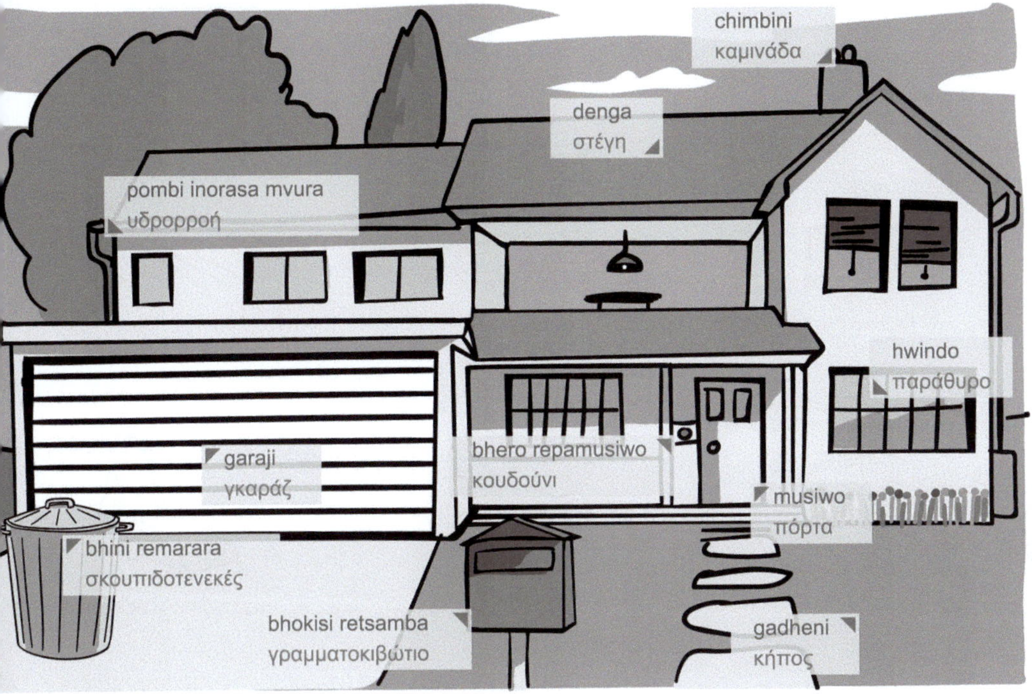
chimbini
καμινάδα
denga
στέγη
pombi inorasa mvura
υδρορροή
hwindo
παράθυρο
garaji
γκαράζ
bhero repamusiwo
κουδούνι
musiwo
πόρτα
bhini remarara
σκουπιδοτενεκές
bhokisi retsamba
γραμματοκιβώτιο
gadheni
κήπος

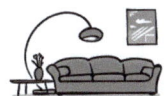

imba yekutandarira
σαλόνι

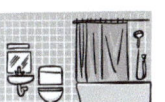

mekugezera
μπάνιο

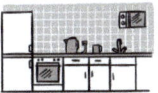

kicheni
κουζίνα

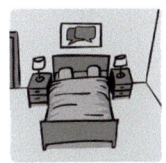

imba yekurara
υπνοδωμάτιο

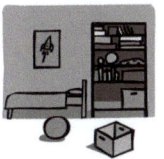

imba yemwana
παιδικό δωμάτιο

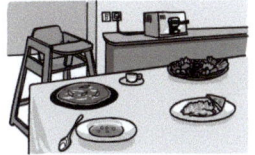

imba yekudyira
τραπεζαρία

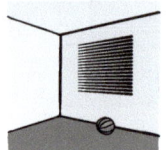

uriri
πάτωμα

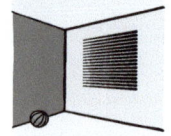

madziro
τοίχος

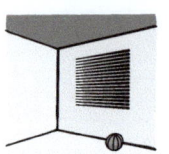

denga
οροφή

imba yepasi
κελάρι

sauna
σάουνα

vharanda repadenga
μπαλκόνι

uriri hwepadenga
βεράντα

dziva rekushambira
πισίνα

muchina wekuchekesa
uswa
μηχανή του γκαζόν

jira
σεντόνι

chekufukidza mubhedha
κάλυμμα κρεβατιού

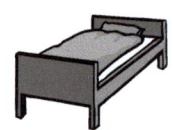

mubhedha
κρεβάτι

bhurumu
σκούπα

bhaketi
κουβάς

suwichi
διακόπτης

imba yekutandarira

σαλόνι

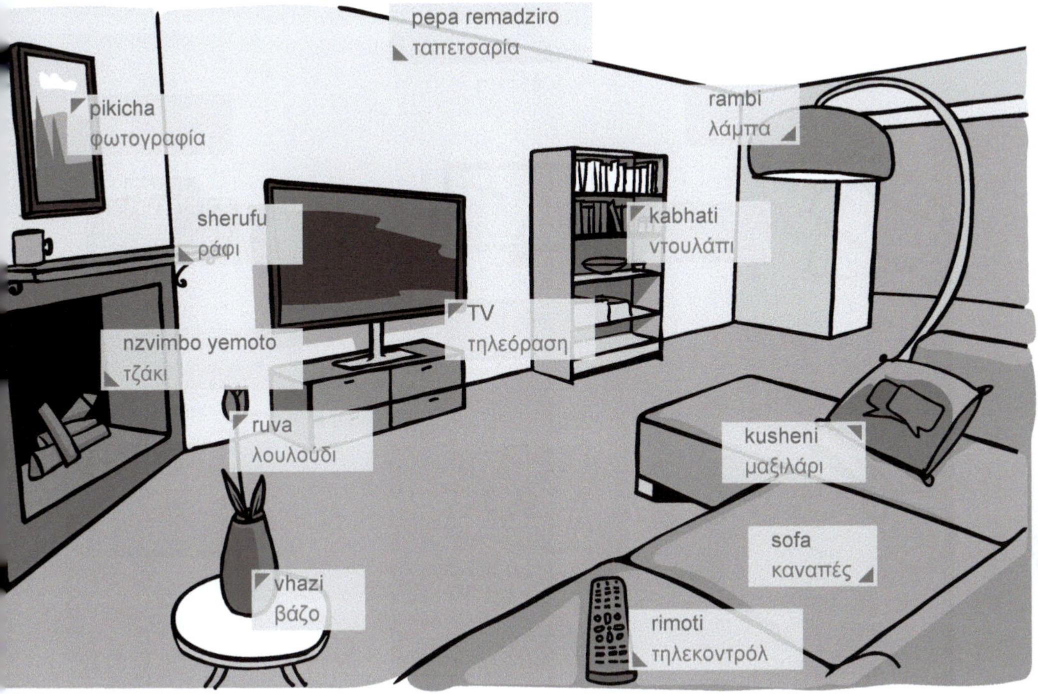

pepa remadziro
ταπετσαρία
pikicha
φωτογραφία
rambi
λάμπα
sherufu
ράφι
kabhati
ντουλάπι
TV
τηλεόραση
nzvimbo yemoto
τζάκι
ruva
λουλούδι
kusheni
μαξιλάρι
sofa
καναπές
vhazi
βάζο
rimoti
τηλεκοντρόλ

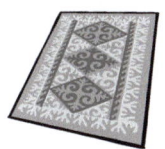

kapeti

χαλί

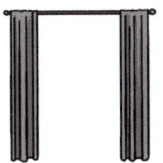

keteni

κουρτίνα

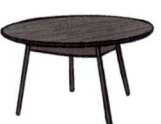

tebhuru

τραπέζι

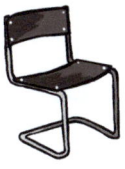

cheya

καρέκλα

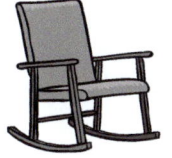

cheya inozeya

κουνιστή πολυθρόνα

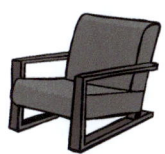

cheya ine pekuisa maoko

πολυθρόνα

bhuku

βιβλίο

gumbeze

κουβέρτα

marongedzero

διακόσμηση

huni

καυσόξυλα

firimu

ταινία

redhiyo yehi-fi

στερεοφωνικό σύστημα

kii

κλειδί

pepanhau

εφημερίδα

mufananidzo

πίνακας ζωγραφικής

posita

αφίσα

redhiyo

ραδιόφωνο

pekunyorera

σημειωματάριο

muchina wekuhuvhisa

ηλεκτρική σκούπα

chinanazi

κάκτος

kenduru

κερί

kicheni
κουζίνα

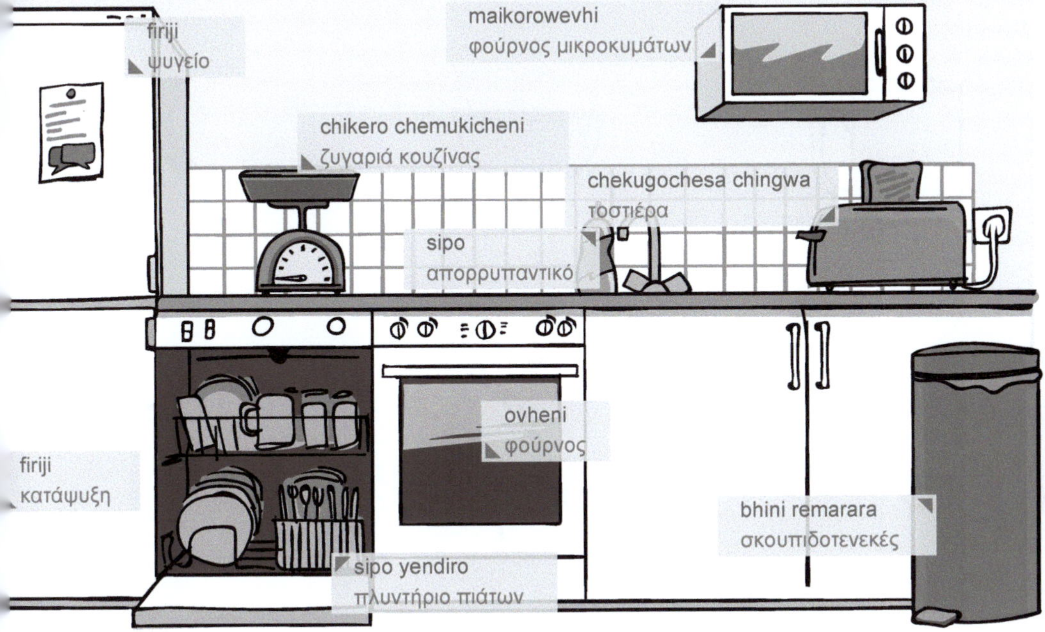
firiji
ψυγείο
maikorowevhi
φούρνος μικροκυμάτων
chikero chemukicheni
ζυγαριά κουζίνας
chekugochesa chingwa
τοστιέρα
sipo
απορρυπαντικό
ovheni
φούρνος
firiji
κατάψυξη
bhini remarara
σκουπιδοτενεκές
sipo yendiro
πλυντήριο πιάτων

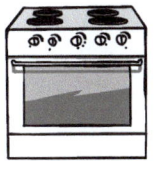

chitofu

κουζίνα

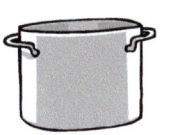

poto

κατσαρόλα

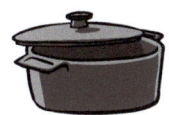

poto yesimbi

μαντεμένια κατσαρόλα

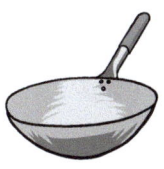

wok / kadai

γουόκ/καντάι

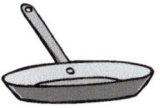

pani

τηγάνι

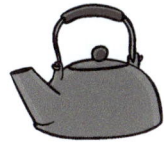

ketero

βραστήρας

chekubikisa neutsi
hwemvura

ατμομάγειρας

turei yekubhekesa

ταψί

ndiro

πιατικά

kapu

κούπα

dishi

μπολ

tumiti twekudyisa

ξυλάκια

chipunu

κουτάλα

chipunu

σπάτουλα

chekusanganisisa

ανακατεύω

chekukunisa

σουρωτήρι

chekukunisa

σουρωτηράκι

chekugiretesa

τρίφτης

duri

γουδί

chiwaya

ψησταριά

moto

ανοιχτή φωτιά

chekuchekera

σανίδα κοπής

chekutsimbiririsa mukanyiwa

πλάστης

chekuvhurisa mabhodhoro ewaini

ανοιχτήρι φελλών

tini

κονσέρβα

chekuvhurisa tini

ανοιχτήρι κονσέρβας

girovhosi rekubatisa zvinopisa

γάντι φούρνου

singi

νεροχύτης

bhurasho

βούρτσα

chipanji

σφουγγάρι

chinosanganisa

μπλέντερ

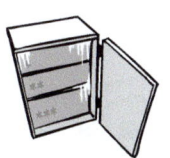

firiji

καταψύκτης

bhodhoro remwana

μπιμπερό

pombi

βρύση

mekugezera
μπάνιο

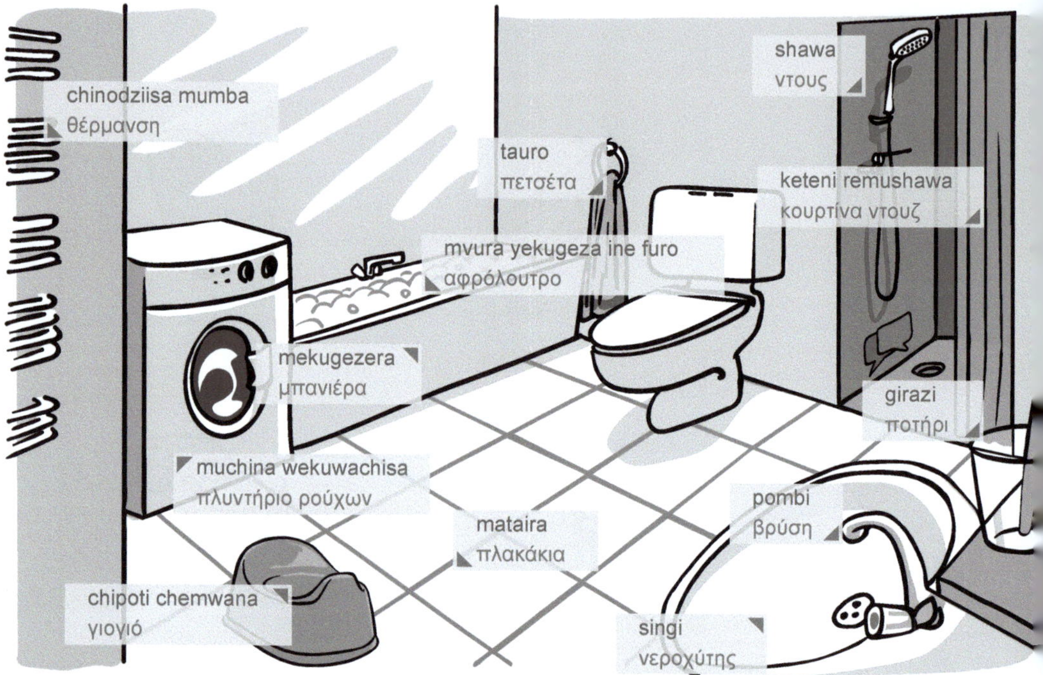

chinodziisa mumba
θέρμανση
tauro
πετσέτα
shawa
ντους
keteni remushawa
κουρτίνα ντουζ
mvura yekugeza ine furo
αφρόλουτρο
mekugezera
μπανιέρα
girazi
ποτήρι
muchina wekuwachisa
πλυντήριο ρούχων
pombi
βρύση
mataira
πλακάκια
chipoti chemwana
γιογιό
singi
νεροχύτης

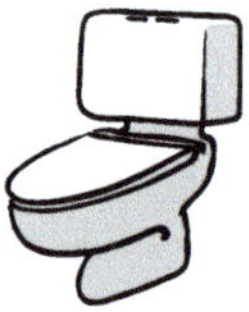

toireti

τουαλέτα

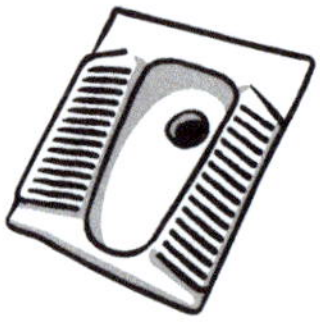

toireti yegomba

τούρκικη τουαλέτα

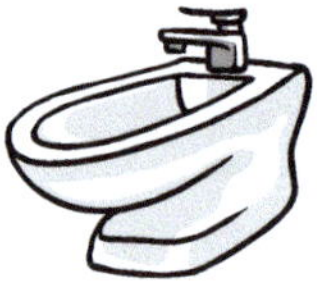

chemba

μπιντές

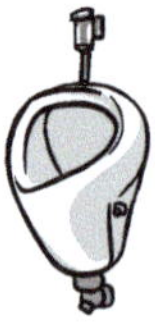

chekuitira weti chevarume

ουρητήριο

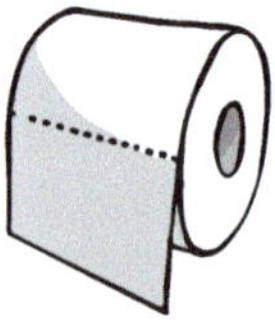

pepa remutoireti

χαρτί υγείας

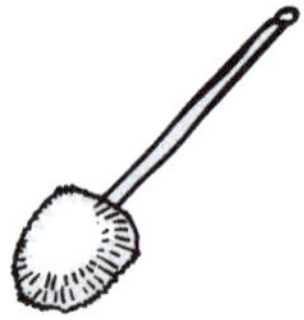

bhurasho remutoireti

πιγκάλ

bhurasho remazino

οδοντόβουρτσα

mushonga wemazino

οδοντόκρεμα

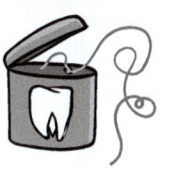

tambo yekugezesa mazino

οδοντικό νήμα

kugeza

πλένω

shawa yekuita zvekubata

τηλέφωνο ντους

douche

ντουσιέρα

bheseni

λεκάνη

bhurasho remusoro

βούρτσα πλάτης

sipo

σαπούνι

po yekugezesa mushawa

αφρόλουτρο

shambuu

σαμπουάν

chekugezesa

φανέλα

dhireni

σιφόνι

mafuta

κρέμα

chinonhuwirira

αποσμητικό

girazi

καθρέφτης

girazi remumaoko

καθρέφτης χειρός

chekugeresa ndebvu

ξυραφάκι

furo rekugeresa ndebvu

αφρός ξυρίσματος

mafuta ekuzora wagera ndebvu

αφτερσέιβ

kamu

χτένα

bhurasho

βούρτσα

chekuomesa bvudzi

σεσουάρ

mushonga wekupfapfaidza musoro

λακ

zvekupodesa

μακιγιάζ

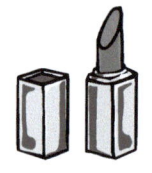

chekupendesa muromo

κραγιόν

chekupendesa nzara

βερνίκι νυχιών

donje

βαμβάκι

chigero chenzara

ψαλίδι νυχιών

pefiyumu

άρωμα

bhegi rezvekugezesa
νεσεσέρ

chituro
σκαμπό

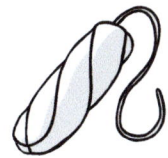

chikero
ζυγαριά

bathrobe
μπουρνούζι

magirovhosi erabha
ελαστικά γάντια

tampon
ταμπόν

pedhi
πετσέτα υγιεινής

toireti inotakurwa
χημική τουαλέτα

imba yemwana
παιδικό δωμάτιο

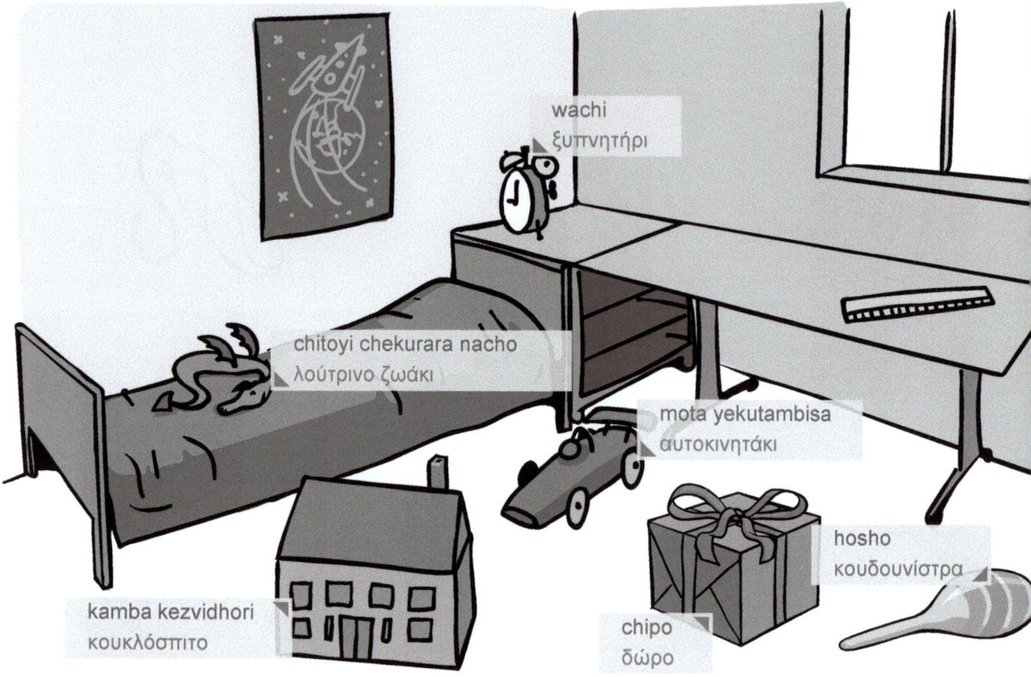

wachi
ξυπνητήρι
chitoyi chekurara nacho
λούτρινο ζωάκι
mota yekutambisa
αυτοκινητάκι
hosho
κουδουνίστρα
kamba kezvidhori
κουκλόσπιτο
chipo
δώρο

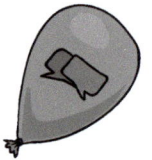

chibharuma

μπαλόνι

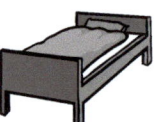

mubhedha

κρεβάτι

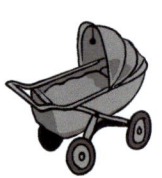

purema

καροτσάκι

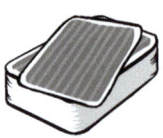

makadhi ekutamba

τράπουλα

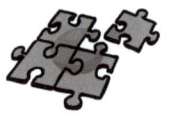

puzzle

παζλ

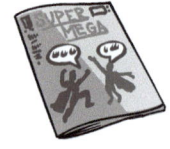

makatuni ekuverenga

κόμικς

zvekuvakisa zvinhu

τουβλάκια lego

mabhuroko ekuvakisa

τουβλάκια κατασκευών

chidhori

φιγούρα δράσης

babygrow

βρεφικό φορμάκι

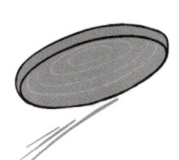

chekutambisa uchikanda

φρίσμπι

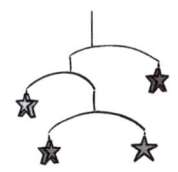

zvekuvaraidza mwana

μόμπιλο

gemu rinotambirwa pabhodhi

επιτραπέζιο παιχνίδι

dhaisi

ζάρια

zvitima zvekutambisa

σετ τρενάκι

chidhami

πιπίλα

mabiko

πάρτι

bhuku remapikicha

εικονογραφημένο βιβλίο

bhora

μπάλα

chidhori

κούκλα

kutamba

παίζω

majecha ekutambira

σκάμμα με άμμο

muzeerere

κούνια

zvekutambisa

παιχνίδια

**chekutambisa magemu
emavhidhiyo**

κονσόλα βιντεοπαιχνιδιών

**kabhasikoro kemavhiri
matatu**

τρίκυκλο

teddy bear

αρκουδάκι

wadhiropu

ντουλάπα

zvipfeko

ρούχα

masokisi

κάλτσες

masokisi

καλτσοδέτες

matirauzi anobata muviri

καλσόν

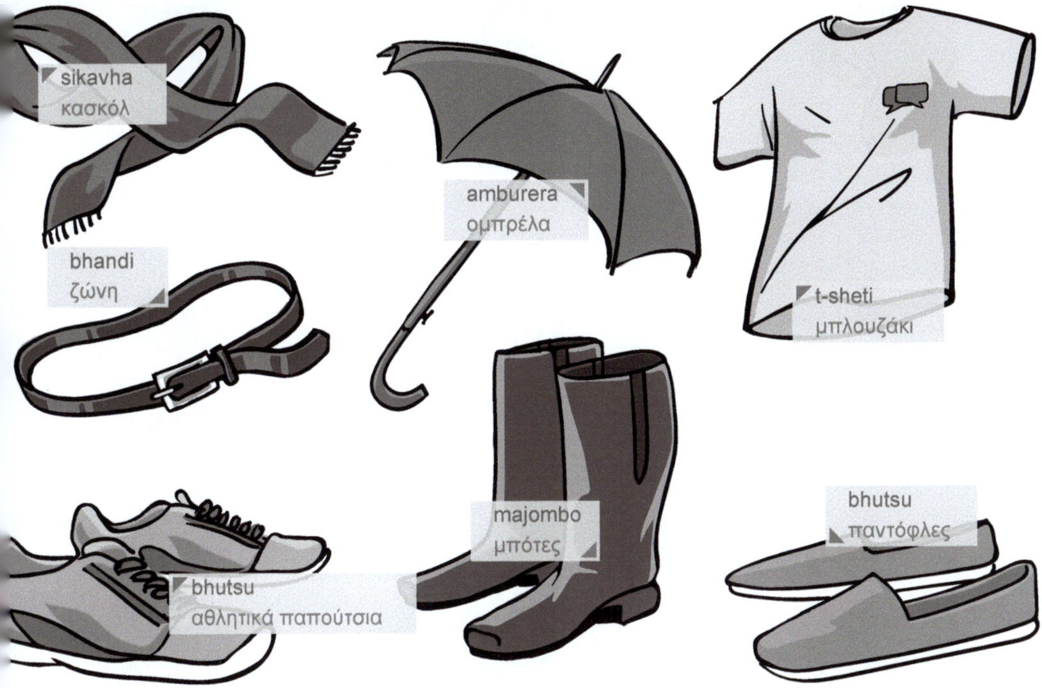

sikavha
κασκόλ

amburera
ομπρέλα

t-sheti
μπλουζάκι

bhandi
ζώνη

majombo
μπότες

bhutsu
παντόφλες

bhutsu
αθλητικά παπούτσια

masanduru

σανδάλια

bhutsu

παπούτσια

magambutsu

γαλότσες

nduwe

εσώρουχο

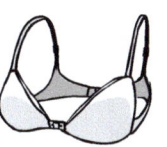

bhodhi

σουτιέν

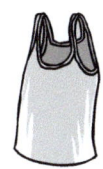

vhesi

φανέλα

muviri

σώμα

tirauzi

παντελόνι

jini

τζιν παντελόνι

siketi

φούστα

bhurauzi

μπλούζα

hembe

πουκάμισο

bhachi

πουλόβερ

chibhachi

πουλόβερ

bhachi

σακάκι

bhachi

μπουφάν

jasi

παλτό

renikoti

αδιάβροχο πανωφόρι

koshitomu

κοστούμι

dhirezi

φόρεμα

dhirezi remuchato

νυφικό

sutu

κοστούμι

hembe yekurarisa

νυχτικό

mapijama

πιτζάμες

chari

σάρι

headscarf

μαντήλι

heti

τουρμπάνι

burqa

μπούρκα

kaftan

καφτάνι

abaya

μουσουλμανικό ένδυμα

hembe yekutuhwinisa

ολόσωμο μαγιό

chikabudura

ανδρικό μαγιό

chikabudura

σορτς

tirekisutu

αθλητική φόρμα

apuroni

ποδιά

magirovhosi

γάντια

bhatani

κουμπί

magirazi

γυαλιά

bhenguru

βραχιόλι

chuma

περιδέραιο

rin'i

δαχτυλίδι

mhete

σκουλαρίκι

kepisi

καπέλο

hen'a

κρεμάστρα

heti

καπέλο

tai

γραβάτα

zipi

φερμουάρ

herumeti

κράνος

mabhandi

τιράντες

yunifomu yekuchikoro

μαθητική στολή

yunifomu

στολή

zvipfeko - ρούχα

chibhibhi

σαλιάρα

chidhami

πιπίλα

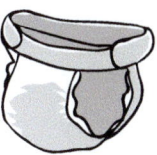

napukeni

πάνα

hofisi
γραφείο

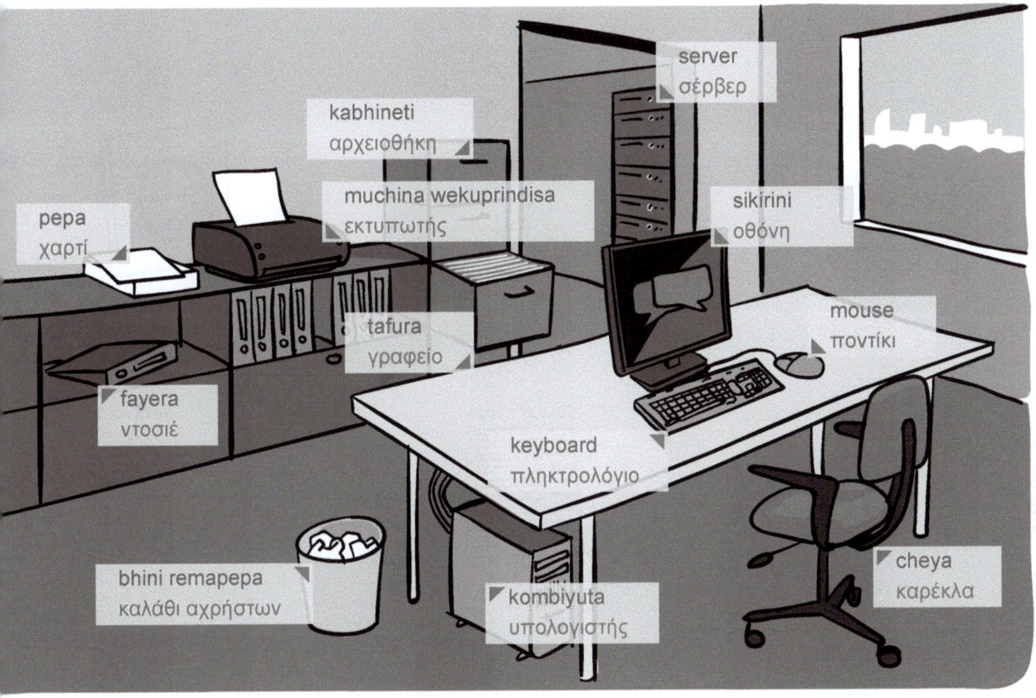

server
σέρβερ

kabhineti
αρχειοθήκη

muchina wekuprindisa
εκτυπωτής

sikirini
οθόνη

pepa
χαρτί

tafura
γραφείο

mouse
ποντίκι

fayera
ντοσιέ

keyboard
πληκτρολόγιο

bhini remapepa
καλάθι αχρήστων

kombiyuta
υπολογιστής

cheya
καρέκλα

kapu yekofi

κούπα του καφέ

kakureta

κομπιουτεράκι

indaneti

ίντερνετ

laptop

λάπτοπ

tsamba

γράμμα

tsamba

μήνυμα

serura

κινητό

network

δίκτυο

muchina wekufotokopesa

φωτοτυπικό μηχάνημα

software

λογισμικό

foni

τηλέφωνο

pekupfekera magetsi

πρίζα

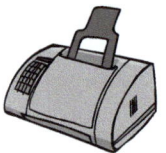

muchina wefax

συσκευή φαξ

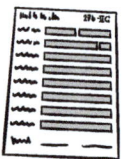

fomu

έντυπο

gwaro

έγγραφο

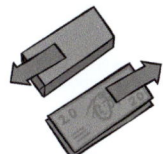

kutenga

αγοράζω

kubhadhara

πληρώνω

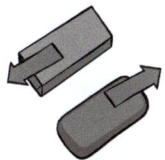

kutengesa

συναλλάσσομαι

mari

χρήματα

Dhora

δολάριο

Euro

ευρώ

Yen

γιεν

rouble

ρούβλι

Swiss franc

ελβετικό φράγκο

renminbi yuan

ρενμίνμπι γιουάν

rupee

ρουπία

panobhadharwa

ATM (αυτόματη ταμειακή μηχανή)

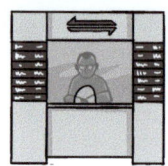

panochinjwa mari

ανταλλακτήρια συναλλάγματος

goridhe

χρυσός

sirivha

ασήμι

mafuta

πετρέλαιο

magetsi

ενέργεια

mutengo

τιμή

chibvumirano

συμβόλαιο

mutero

φόρος

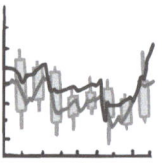

masitoku

μετοχή

kushanda

δουλεύω

mushandi

υπάλληλος

mushandirwi

εργοδότης

fekitari

εργοστάσιο

chitoro

κατάστημα

mabasa
επαγγέλματα

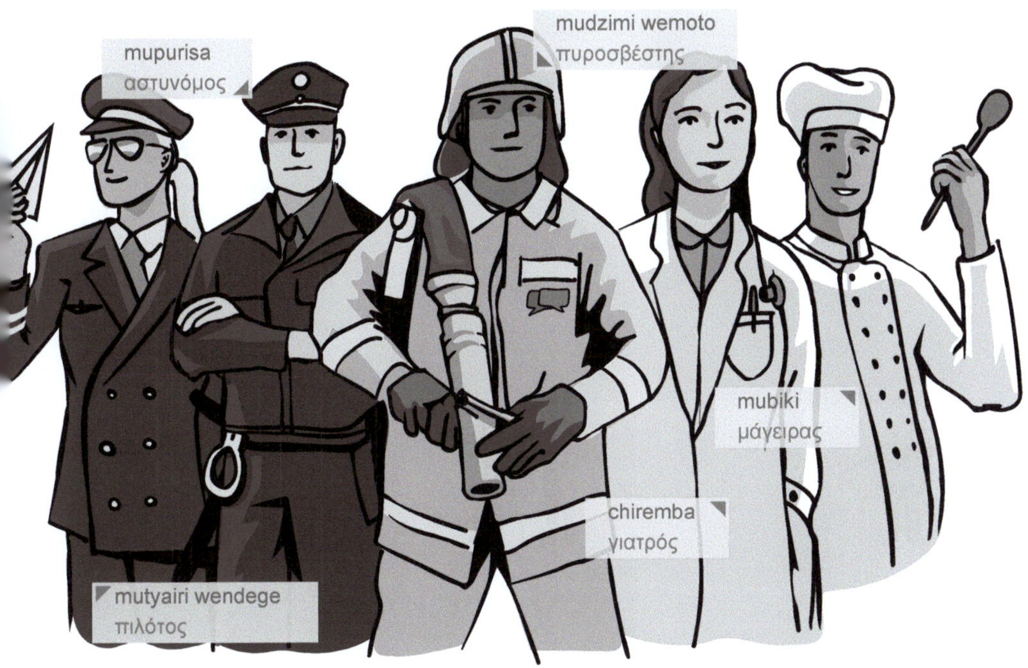

mupurisa
αστυνόμος
mudzimi wemoto
πυροσβέστης
mubiki
μάγειρας
chiremba
γιατρός
mutyairi wendege
πιλότος

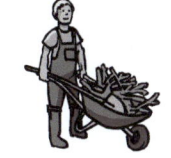

nushandi wemugadheni
κηπουρός

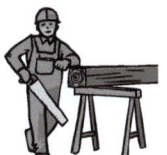

muvezi
ξυλουργός

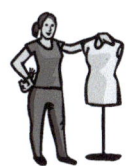

mukadzi anosona
μοδίστρα

mutongi
δικαστής

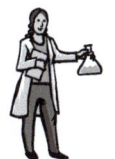

anoita zvemishonga
χημικός

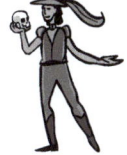

ekita
ηθοποιός

mutyairi webhazi

οδηγός λεωφορείου

mutyairi wetaxi

ταξιτζής

muredzi

ψαράς

mudzimai anochenesa

καθαρίστρια

anogadzira denga

τεχνίτης στεγών

hweta

σερβιτόρος

muvhimi

κυνηγός

anopenda

ζωγράφος

mubiki wechingwa

αρτοποιός

mugadziri wemagetsi

ηλεκτρολόγος

muvaki

οικοδόμος

injiniya

μηχανολόγος

mushandi wemubhucha

κρεοπώλης

puramba

υδραυλικός

positimeni

ταχυδρόμος

musoja

στρατιώτης

anoita mapurani edzimba

αρχιτέκτονας

mutengesi

ταμίας

mugadziri wemaruva

ανθοπώλης

mugadziri wemusoro

κομμωτής

kondakita

ελεγκτής εισιτηρίων

makanika

μηχανικός

kaputeni

καπετάνιος

chiremba wemazino

οδοντίατρος

musayindisti

επιστήμονας

rabbi

ραβίνος

imam

ιμάμης

mumonk

μοναχός

mufundisi

ιερέας

maturusi
εργαλεία

sando
σφυρί
pinjisi
πένσα
sikuruudhiraivha
κατσαβίδι
chipanera
Γαλλικό κλειδί
tochi
φακός

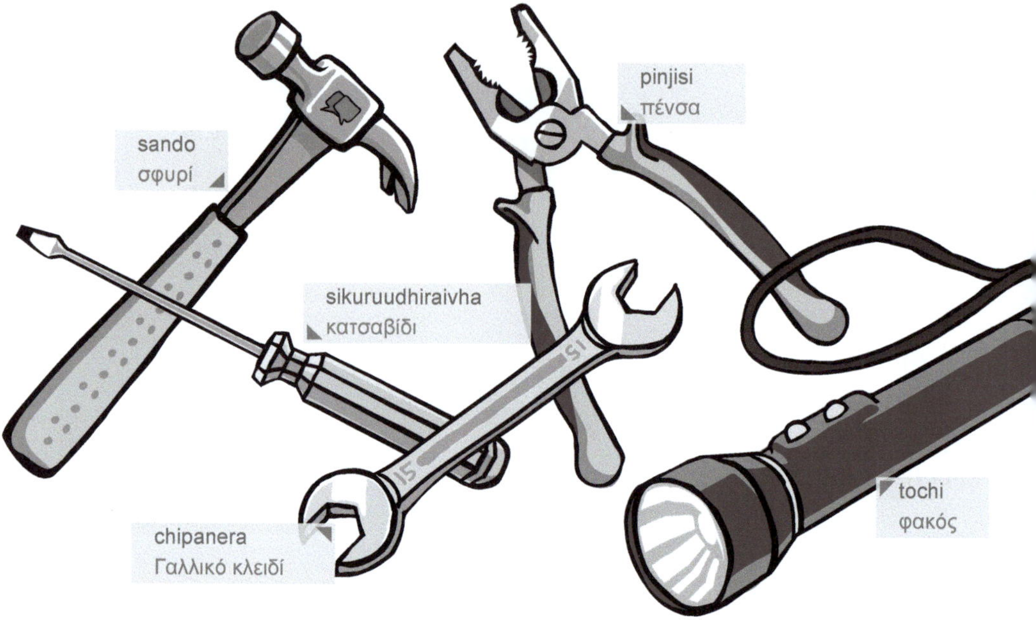

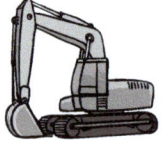

chikatapira
εκσκαφέας

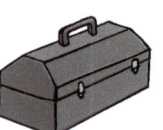

bhokisi rematurusi
εργαλειοθήκη

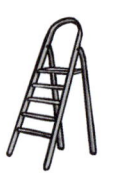

manera
σκάλα

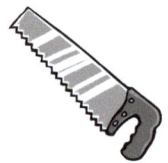

saha
πριόνι

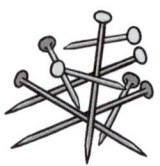

zvipikiri
καρφιά

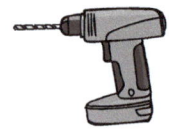

chibooreso
τρυπάνι

kugadzira
....
επισκευάζω

foshoro
....
φτυάρι

Nxa!
....
Να πάρει!

chidyoreso
....
φαράσι

gaba rependi
....
δοχείο χρωμάτων

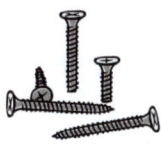

masikuruu
....
βίδες

zviridzwa
μουσικά όργανα

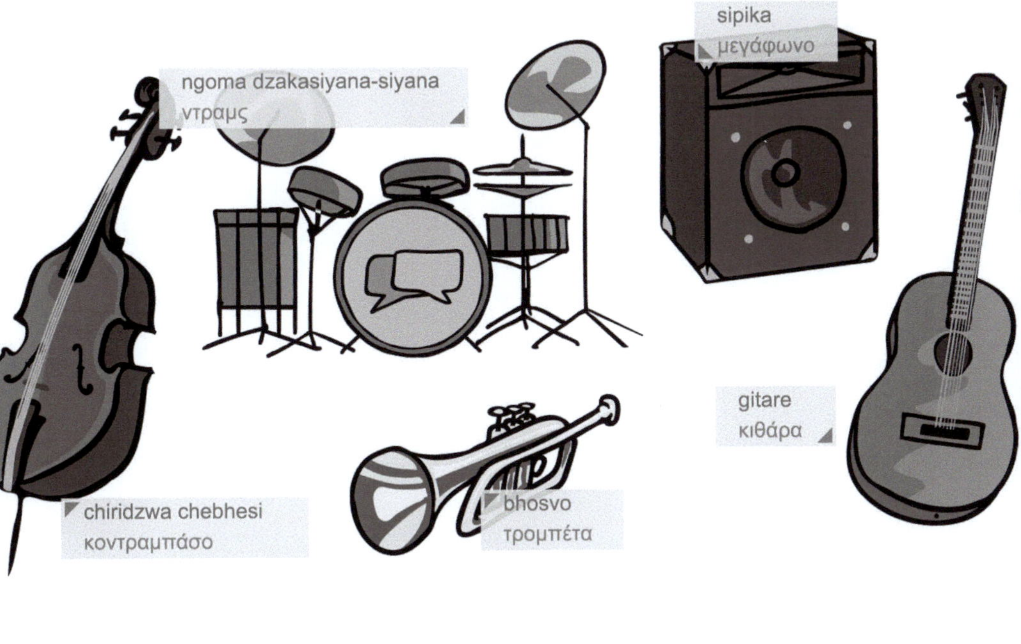

sipika
μεγάφωνο

ngoma dzakasiyana-siyana
ντραμς

gitare
κιθάρα

chiridzwa chebhesi
κοντραμπάσο

bhosvo
τρομπέτα

piyano

πιάνο

violin

βιολί

gitare rebhesi

μπάσο

ngoma

τύμπανα

ngoma

τύμπανο

piyano yemagetsi

πλήκτρα

saxophone

σαξόφωνο

nyere

φλάουτο

maikorofoni

μικρόφωνο

munochengeterwa mhuka
ζωολογικός κήπος

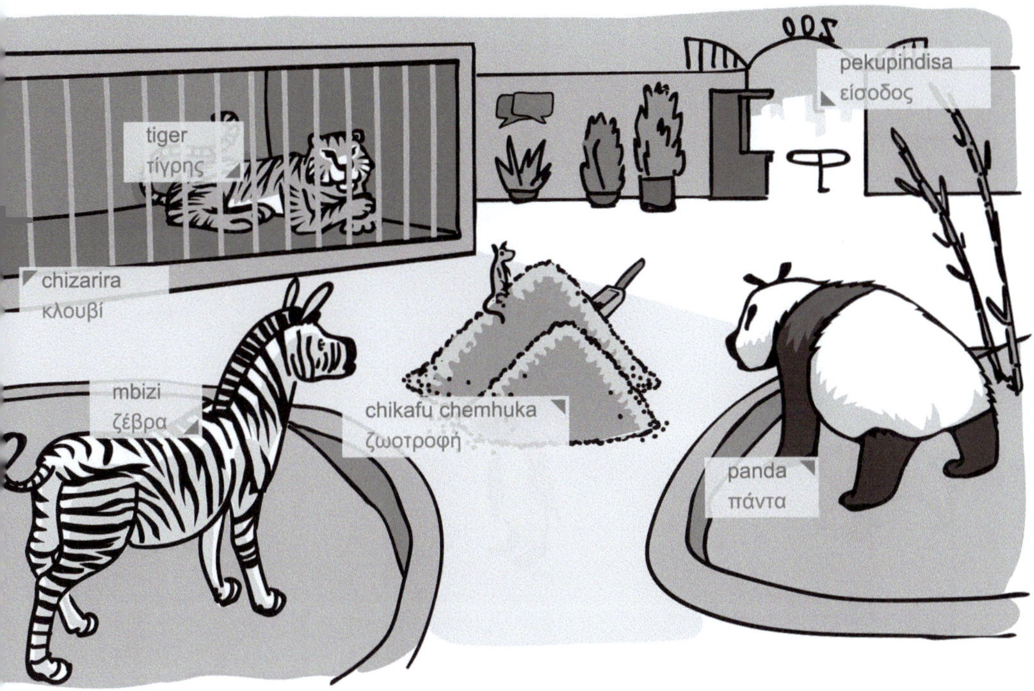

zoo
tiger
τίγρης
pekupindisa
είσοδος
chizarira
κλουβί
mbizi
ζέβρα
chikafu chemhuka
ζωοτροφή
panda
πάντα

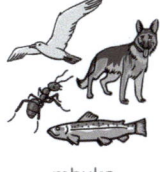

mhuka
ζώα

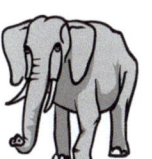

nzou
ελέφαντας

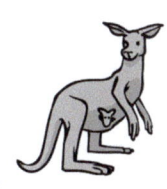

kangaruru
καγκουρό

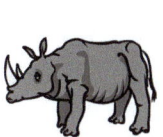

chipembere
ρινόκερος

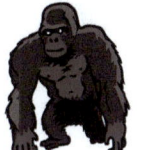

gorilla
γορίλας

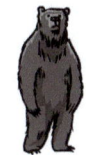

bear
αρκούδα

ngamera

καμήλα

mhou

στρουθοκάμηλος

shumba

λιοντάρι

tsoko

πίθηκος

flamingo

φλαμίνγκο

parrot

παπαγάλος

bear rekuchando

πολική αρκούδα

penguin

πιγκουίνος

shark

καρχαρίας

pikoko

παγώνι

nyoka

φίδι

garwe

κροκόδειλος

muchengeti wenzvimbo
yemhuka

φύλακας ζωολογικού κήπου

seal

φώκια

jaguar

τζάγκουαρ

nyurusi

πόνυ

ingwe

λεοπάρδαλη

mvuu

ιπποπόταμος

twiza

καμηλοπάρδαλη

gondo

αετός

nguruve yemusango

αγριογούρουνο

hove

ψάρι

kamba

χελώνα

walrus

θαλάσσιος ίππος

gava

αλεπού

nhoro

γαζέλα

bhora rekuAmerica
Αμερικάνικο ποδόσφαιρο

kuchovha
ποδηλασία

tenisi
αντισφαίριση

bhora rebhasiketi
μπάσκετ

kutuhwina
κολύμβηση

tsiva
πυγχαμία

hockey yemuchando
χόκεϊ επί πάγου

nhabvu

ποδόσφαιρο

badminton

μπάντμιντον

zvekumhanya

στίβος

bhora remaoko

χάντμπολ

kuita ski

σκι

polo

πόλο

kuseka
γελάω

kusvetuka
πηδάω

kumbundira
αγκαλιάζω

kufamba
περπατάω

kuimba
τραγουδάω

kurota
ονειρεύομαι

kunyengetera
προσεύχομαι

kutsvoda
φιλάω

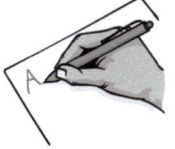

nyora

γράφω

kudhirowa

σχεδιάζω

kuratidza

δείχνω

kusunda

πιέζω

kupa

δίνω

kutora

παίρνω

kuva ne

έχω

kuita

κάνω

kuva

είμαι

kumira

στέκομαι

kumhanya

τρέχω

kudhonza

τραβάω

kukanda

ρίχνω

kudonha

πέφτω

kurara

ξαπλώνω

kumirira

περιμένω

kutakura

κουβαλώ

kugara

κάθομαι

kupfeka

φοράω

kurara

κοιμάμαι

kumuka

ξυπνάω

kutarisa

κοιτάω

kuchema

κλαίω

kupuruzira

χαϊδεύω

kukama

χτενίζω

kutaura

μιλάω

kunzwisisa

καταλαβαίνω

kubvunza

ρωτάω

kuteerera

ακούω

kunwa

πίνω

kudya

τρώω

kuchenesa

συγυρίζω

kuda

αγαπάω

kubika

μαγειρεύω

kutyaira

οδηγώ

kubhururuka

πετάω

kufambiswa nemhepo

κάνω ιστιοπλοΐα

kakureta

υπολογίζω

kuverenga

διαβάζω

kudzidza

μαθαίνω

kushanda

δουλεύω

kuroora / kuroorwa

παντρεύομαι

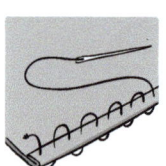

kusona

ράβω

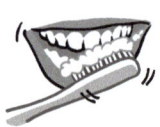

kukwesha mazino

βουρτσίζω τα δόντια

kuuraya

σκοτώνω

kuputa

καπνίζω

kutumira

στέλνω

mhuri

οικογένεια

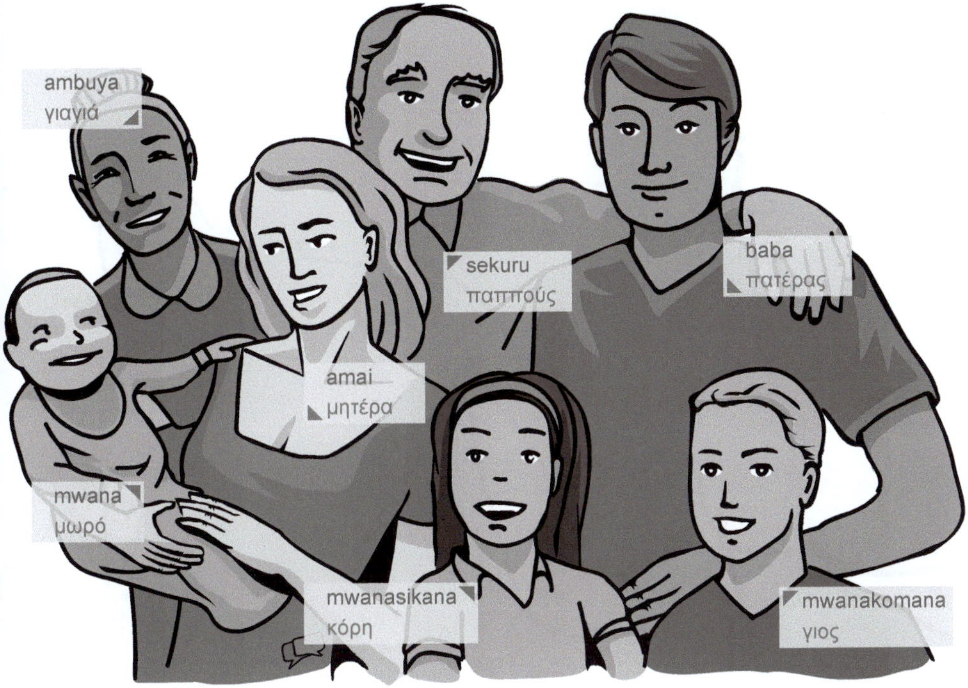

ambuya
γιαγιά
sekuru
παππούς
baba
πατέρας
amai
μητέρα
mwana
μωρό
mwanasikana
κόρη
mwanakomana
γιος

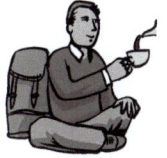

muenzi

καλεσμένος

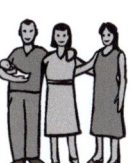

tete

θεία

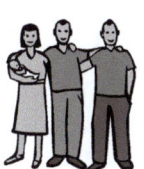

sekuru

θείος

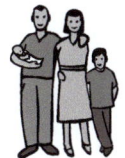

hanzvadzikomana

αδελφός

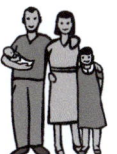

hanzvadzisikana

αδελφή

muviri
σώμα

huma
μέτωπο
ziso
μάτι
bendekete
ώμος
munwe
δάχτυλο
chiso
πρόσωπο
chirebvu
πιγούνι
ruoko
χέρι
gumbo
πόδι
chipfuva
στήθος
ruoko
βραχίονας

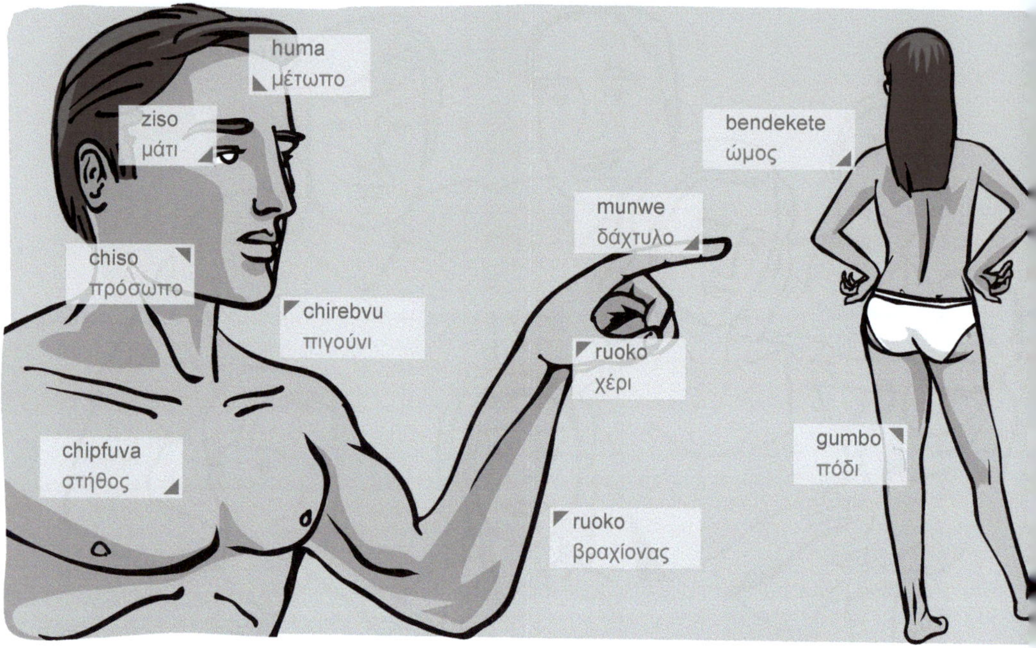

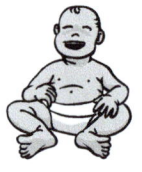

mwana

μωρό

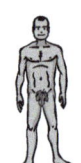

murume

άνδρας

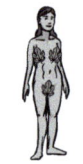

mukadzi

γυναίκα

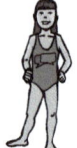

musikana

κορίτσι

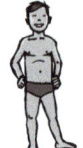

mukomana

αγόρι

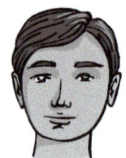

musoro

κεφάλι

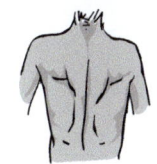

musana

πλάτη

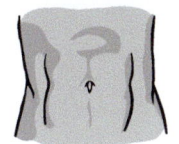

dumbu

κοιλιά

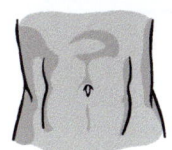

guvhu

αφαλός

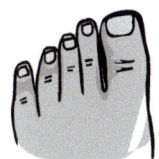

chigunwe

δάχτυλο ποδιού

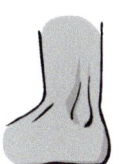

chitsitsinho

φτέρνα

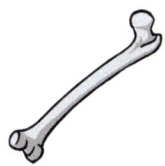

bhonzo

κόκκαλο

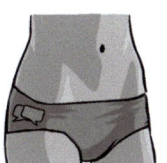

hudyu

γοφός

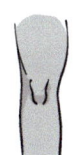

ibvi

γόνατο

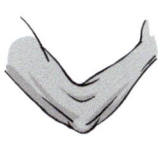

gokora

αγκώνας

mhino

μύτη

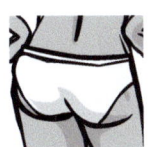

garo

γλουτός

ganda

δέρμα

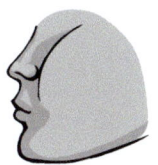

dama

μάγουλο

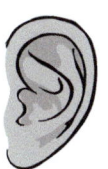

nzeve

αυτί

muromo

χείλος

muviri - σώμα

mukanwa

στόμα

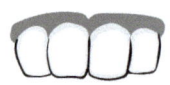

zino

δόντι

rurimi

γλώσσα

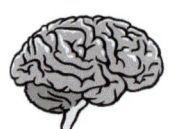

uropi

εγκέφαλος

mwoyo

καρδιά

tsandanyama

μυς

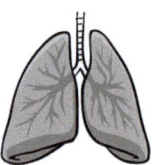

bapu

πνεύμονας

chitaka

συκώτι

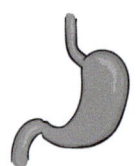

dumbu

στομάχι

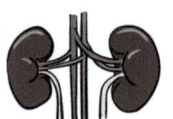

itsvo

νεφρά

kuita bonde

σεξουαλική επαφή

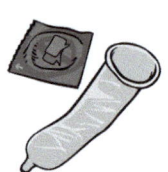

kondomu

προφυλακτικό

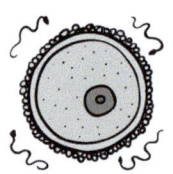

zai

ωάριο

urume

σπέρμα

nhumbu

εγκυμοσύνη

muviri - σώμα

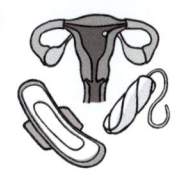

kuenda kumwedzi

περίοδος

sikarudzi

γυναικείος κόλπος

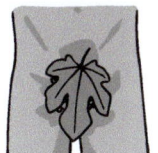

mboro

πέος

tsiye

φρύδι

bvudzi

μαλλιά

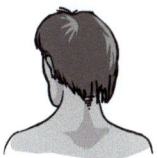

mutsipa

λαιμός

muviri - σώμα

chipatara
νοσοκομείο

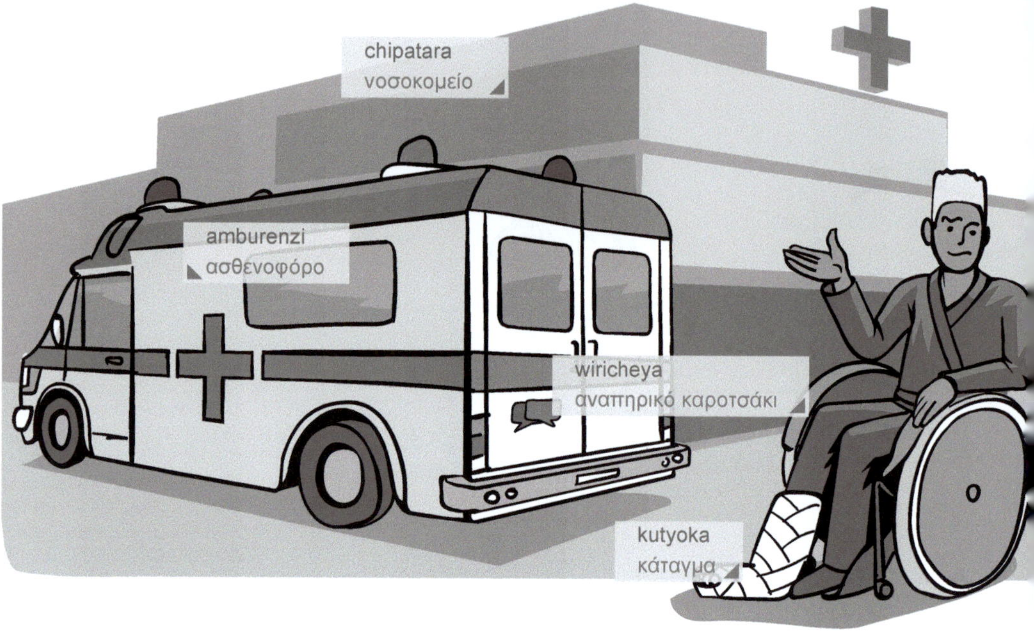

chipatara
νοσοκομείο
amburenzi
ασθενοφόρο
wiricheya
αναπηρικό καροτσάκι
kutyoka
κάταγμα

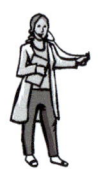

chiremba
γιατρός

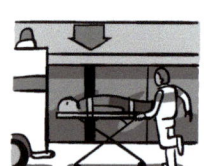

imba yerubatsiro
μονάδα εντατικής θεραπείας

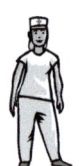

nesi
νοσοκόμα

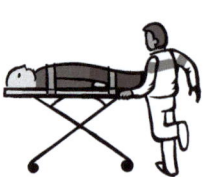

zvekukurumidza
έκτακτη ανάγκη

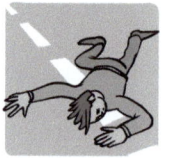

kufenda
λιπόθυμος

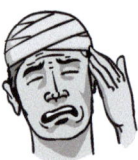

rwadza
πόνος

kukuvara

τραύμα

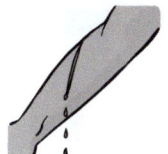

kubuda ropa

αιμορραγία

kuerekana mwoyo usisashandi

έμφραγμα

kuoma rutivi

εγκεφαλικό

zvinorwarisa

αλλεργία

chikosoro

βήχας

fivha

πυρετός

furuu

γρίπη

manyoka

διάρροια

kutemwa nemusoro

πονοκέφαλος

mhuka

καρκίνος

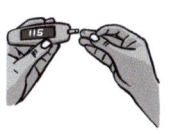

chirwere cheshuga

διαβήτης

muvhiyi

χειρουργός

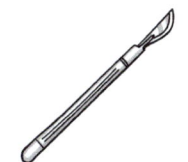

kabanga keoparesheni

νυστέρι

oparesheni

εγχείρηση

chipatara - νοσοκομείο

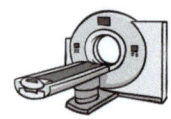

CT

αξονική τομογραφία

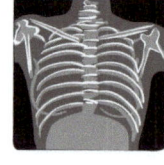

x-ray

ακτινογραφία

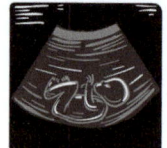

ultrasound

υπέρηχος

chekuvharisa mhino nemuromo

μάσκα

chirwere

ασθένεια

mekumirira kurapiwa

αίθουσα αναμονής

chidhondoro

πατερίτσα

purasita

χάνσαπλαστ

bhandiji

επίδεσμος

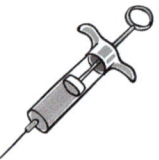

jekiseni

ένεση

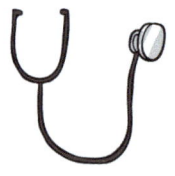

chekuteerera nacho mukati

στηθοσκόπιο

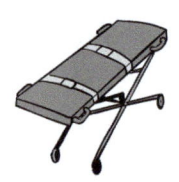

kamubhedha kemurwere

φορείο

chekutoresa nacho tembiricha

θερμόμετρο

kuzvara

γέννηση

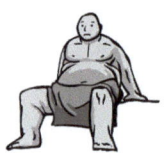

kufuta

υπέρβαρο

chekubatsira kunzwa

ακουστικό βαρηκοΐας

mushonga unouraya
utachiona

αντισηπτικό

utachiona

λοίμωξη

vhairasi

ιός

HIV / AIDS

HIV/AIDS

mushonga

φάρμακο

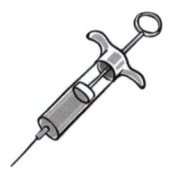

kudzivirira zvirwere

εμβολιασμός

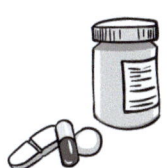

mapiritsi

δισκία

piritsi

χάπι

ufonera rubatsiro ipapo
ipapo

κλήση έκτακτης ανάγκης

muchina wekuyeresa BP

πιεσόμετρο αίματος

kurwara / kugwinya

άρρωστος / υγιής

Maiwe!
Βοήθεια!

bhero
συναγερμός

kurwisa
βιαιοπραγία

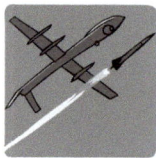

kurwisa
επίθεση

ngozi
κίνδυνος

pekupuda napo zvechimbi-chimbi
έξοδος κινδύνου

Moto!
Φωτιά!

chekudzimisa moto
πυροσβεστήρας

tsaona
ατύχημα

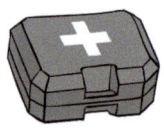

zvinhu zvefirst aid
κουτί πρώτων βοηθειών

SOS
SOS

mapurisa
αστυνομία

Europe

Ευρώπη

Kuchamhembe kweAmerica

Βόρεια Αμερική

Kumaodzanyemba kweAmerica

Νότια Αμερική

Africa

Αφρική

Asia

Ασία

Australia

Αυστραλία

Atlantic

Ατλαντικός Ωκεανός

Pacific

Ειρηνικός Ωκεανός

Nyanza yeIndia

Ινδικός Ωκεανός

Nyanza yeAntarctic

Ανταρκτικός Ωκεανός

Nyanza yeArctic

Αρκτικός Ωκεανός

Kuchamhembe

Βόρειος Πόλος

Kumaodzanyemba

Νότιος Πόλος

Antarctica

Ανταρκτική

Nyika

Γη

nyika

γη

gungwa

θάλασσα

chitsuwa

νησί

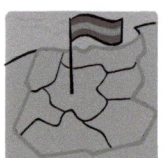

nyika

έθνος

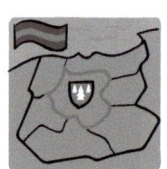

nyika

πολιτεία

wachi

καντράν ρολογιού

chinongedza awa

ωροδείκτης

chinongedza miniti

λεπτοδείκτης

hinongedza masekondi

δείκτης δευτερολέπτων

Inguvai?

Τι ώρα είναι;

zuva

ημέρα

nguva

χρόνος

izvozvi

τώρα

wachi yemanhamba

ψηφιακό ρολόι

miniti

λεπτό

awa

ώρα

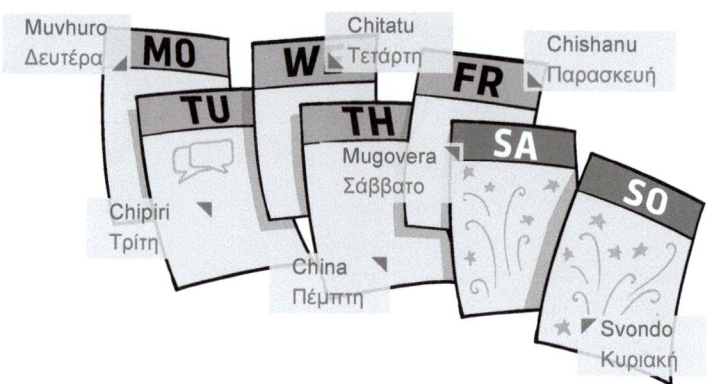

Muvhuro Δευτέρα — MO

Chitatu Τετάρτη — W

Chishanu Παρασκευή — FR

TU

TH — Mugovera Σάββατο

SA

Chipiri Τρίτη

China Πέμπτη

SO

Svondo Κυριακή

nezuro

χθες

nhasi

σήμερα

mangwana

αύριο

mangwanani

πρωί

masikati

μεσημέρι

manheru

βράδυ

MO	TU	WE	TH	FR	SA	SU
1	2	3	4	5	6	7
8	9	10	11	12	13	14
15	16	17	18	19	20	21
22	23	24	25	26	27	28
29	30	31	1	2	3	4

mazuva ebasa

εργάσιμες ημέρες

MO	TU	WE	TH	FR	SA	SU
1	2	3	4	5	6	7
8	9	10	11	12	13	14
15	16	17	18	19	20	21
22	23	24	25	26	27	28
29	30	31	1	2	3	4

kupera kwevhiki

Σαββατοκύριακο

gore

έτος

mvura
βροχή
muraraungu
ουράνιο τόξο
mhepo
άνεμος
chando
χιόνι
chirimo
άνοιξη
zhizha
καλοκαίρι
matsutso
φθινόπωρο
chando
χειμώνας

4.APRIL 11°
5.APRIL 4°
6.APRIL 13°
7.APRIL 8°
8.APRIL 10°

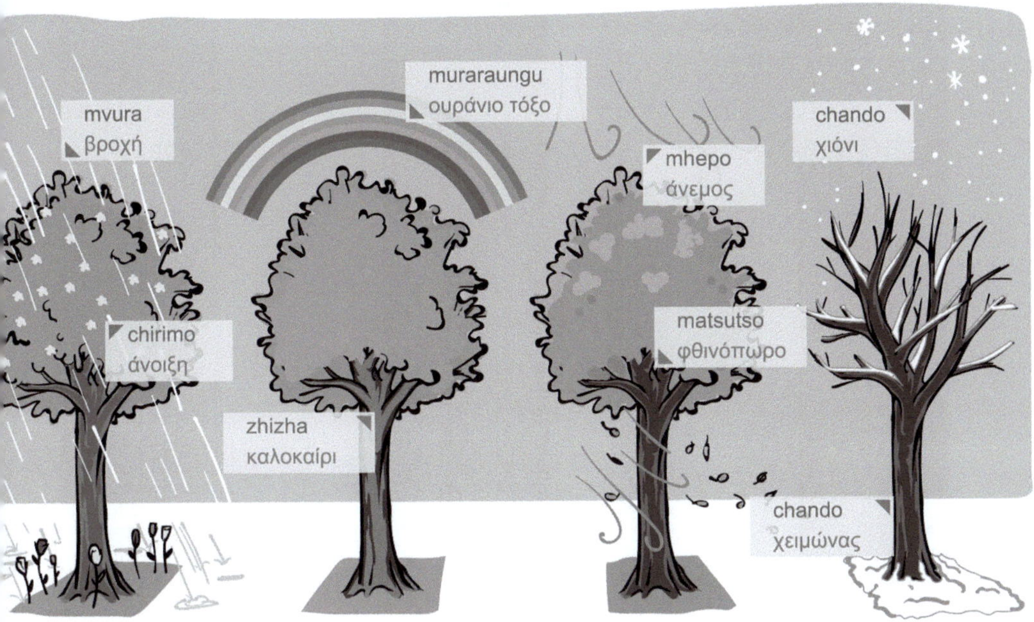

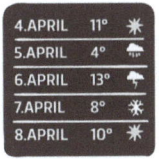

mamiriro ekunze anofungidzirwa

πρόγνωση καιρού

F
C

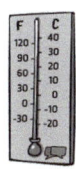

chekutoresa tembiricha

θερμόμετρο

zuva

λιακάδα

makore

σύννεφο

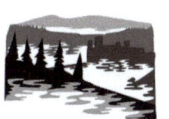

mhute

ομίχλη

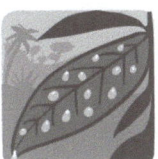

hunyoro

υγρασία

mheni

αστραπή

kutinhira

κεραυνός

dutu

καταιγίδα

chivhuramabwe

χαλάζι

mhepo ine mvura

μουσώνας

mafashamo

πλημμύρα

mazaya echando

πάγος

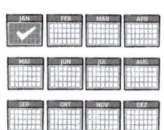

Ndira

Ιανουάριος

Kukadzi

Φεβρουάριος

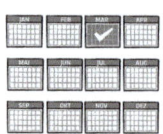

Kurume

Μάρτιος

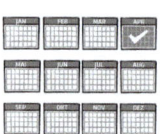

Kubvumbi

Απρίλιος

Chivabvu

Μάιος

Chikumi

Ιούνιος

Chikunguru

Ιούλιος

Nyamavhuvhu

Αύγουστος

Gunyana
Σεπτέμβριος

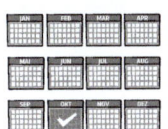

Gumiguru
Οκτώβριος

Mbudzi
Νοέμβριος

Zvita
Δεκέμβριος

mashepu
σχήματα

denderedzwa
κύκλος

sikweya
τετράγωνο

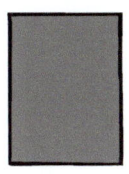

rectangle
ορθογώνιο
παραλληλόγραμμο

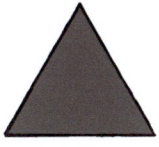

triangle
τρίγωνο

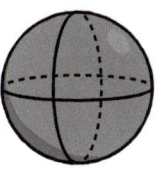

bhora
σφαίρα

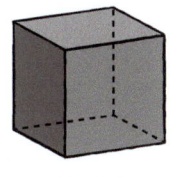

bhokisi
κύβος

chena

άσπρο

yero

κίτρινο

orenji

πορτοκαλί

pingi

ροζ

tsvuku

κόκκινο

pepuru

μωβ

bhuruu

μπλε

girini

πράσινο

kaki

καφέ

gireyi

γκρι

nhema

μαύρο

vakawanda / zvishoma

πολύ / λίγο

hasha / dzikama

θυμωμένος / ήρεμος

naka / shata

όμορφος / άσχημος

kutanga / kuguma

αρχή / τέλος

hombe / diki

μεγάλος / μικρός

jeka / rima

φωτεινός / σκοτεινός

hanzvadzikomana /
hanzvadzisikana

αδελφός / αδελφή

chena / sviba

καθαρός / λερωμένος

kwana / kusakwana

πλήρης / ατελής

masikati / usiku

ημέρα / νύχτα

yakafa / mhenyu

νεκρός / ζωντανός

pamhamha / tetepa

φαρδύς / στενός

unodyiwa / haudyiwi

βρώσιμος / μη βρώσιμος

utsinye / mutsa

κακός / ευγενικός

kunakidzwa / kufinhwa

ενθουσιασμένος /
βαριεστημένος

kobvuka / tetepa

παχύς / λεπτός

kutanga / kupedzisira

πρώτος / τελευταίος

shamwari / muvengi

φίλος / εχθρός

rakazara / hairina kuzara

γεμάτος / άδειος

oma / pfava

σκληρός / μαλακός

rema / reruka

βαρύς / ελαφρύς

nzara / nyota

πείνα / δίψα

kurwara / kugwinya

άρρωστος / υγιής

zvisiri pamutemo / zviri
pamutemo

παράνομος / νόμιμος

kungwara / kupusa

έξυπνος / χαζός

ruboshwe / rudyi

αριστερός / δεξιός

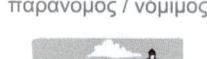

pedyo / kure

κοντινός / μακρινός

matsva / matsaru

καινούριος / μεταχειρισμένος

hapana / chiripo

τίποτα / κάτι

kuru / duku

γέρος | νέος

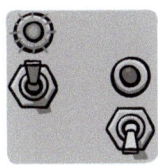

batidza/dzima

αναμμένος / σβηστός

vhurika / vharika

ανοιχτός / κλειστός

nyarara / ruzha

χαμηλόφωνος / μεγαλόφωνος

mupfumi / murombo

πλούσιος / φτωχός

chakanaka / chakaipa

σωστός / λανθασμένος

kukasharara / kutsvedzerera

τραχύς / λείος

kusuwa / kufara

λυπημένος / χαρούμενος

pfupi / refu

κοντός / μακρύς

nonoka / kurumidza

αργός / γρήγορος

nyoro / oma

υγρός / στεγνός

dziya / tonhora

ζεστός / δροσερός

hondo / rugare

πόλεμος / ειρήνη

0	**1**	**2**
zero	potsi	piri
μηδέν	ένα	δύο

3	**4**	**5**
tatu	ina	shanu
τρία	τέσσερα	πέντε

6	**7**	**8**
nhanhatu	nomwe	sere
έξι	εφτά	οκτώ

9	**10**	**11**
pfumbamwe	gumi	gumi neimwe
εννιά	δέκα	έντεκα

12
gumi nembiri
δώδεκα

13
gumi netatu
δεκατρία

14
gumi neina
δεκατέσσερα

15
gumi neshanu
δεκαπέντε

16
gumi nenhanhatu
δεκαέξι

17
gumi nenomwe
δεκαεφτά

18
gumi nesere
δεκαοκτώ

19
gumi nepfumbamwe
δεκαεννέα

20
makumi maviri
είκοσι

100
zana
εκατό

1.000
chiuru
χίλια

1.000.000
miriyoni
εκατομμύριο

Chirungu

Αγγλικά

Chirungu chekuAmerica

Αμερικάνικα Αγγλικά

Mandarin yekuChina

Μανδαρίνικα Κινέζικα

ChiHindi

Χίντι

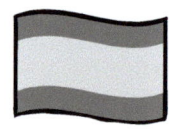

ChiSpanish

Ισπανικά

ChiFrench

Γαλλικά

ChiArabic

Αραβικά

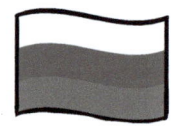

ChiRussian

Ρώσικα

ChiPortuguese

Πορτογαλικά

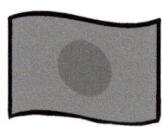

ChiBengali

Μπενγκάλι

ChiGerman

Γερμανικά

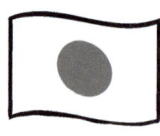

ChiJapanese

Ιαπωνικά

ini

εγώ

iwe / imi

εσύ

iye

αυτός / αυτή / αυτό

isu

εμείς

imi

εσείς

ivo

αυτοί / αυτές / αυτά

ani?

ποιος / ποια / ποιο;

chii?

τι;

sei?

πώς;

kupi?

πού;

riini?

πότε;

zita

όνομα

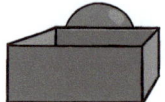

seri
....
πίσω

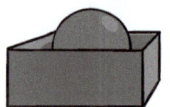

mukati
....
μέσα

pamberi
....
μπροστά

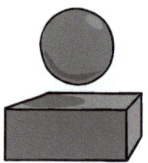

nepamusoro
....
πάνω από

pamusoro
....
πάνω

pasi
....
κάτω

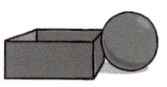

divi
....
δίπλα

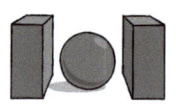

pakati
....
ανάμεσα

nzvimbo
....
μέρος